편지로
시작하는
아침

편지로 시작하는 아침

1판 1쇄 찍음 / 2003년 10월 25일
1판 7쇄 펴냄 / 2010년 9월 13일

지은이 / 이영권
펴낸이 / 배동선
마케팅부 / 최진균, 서설
총무부 / 양상은
펴낸곳 / 아름다운 사회

출판등록일자 / 2008년 1월 15일
등록번호 / 제2008-1738호

주소 / 서울시 강동구 성내동 446-23 덕양빌딩 202호 ⊕134-033
대표전화 / (02)479-0023
팩스 / (02)479-0537
E-mail / assabooks@naver.com

Korean Translation Copyright ⓒ 2003 by Beautiful Society Publishing Co.
Printed & Manufactured in Seoul, Korea

ISBN 89-5793-011-6 03320

값 8,000원

* 잘못된 책은 교환해 드립니다.

0.01퍼센트의 성공 리더 이영권 박사가 전하는

편지로 시작하는 아침

이영권 지음

아름다운사회

 **머릿말**

요즘 들어 많은 사람들이 필자에게 어떻게 하면 성공할 수 있는가, 뭘 잘해야 성공하는가라는 질문을 자주 던지곤 한다. 그럴 때마다 필자는 다음의 두 가지 요소를 이야기한다.

그것은 바로 성실과 유능이다. 성공한 사람도 많이 만나보고 개인적으로 연구도 한 결과, 성공의 필수 요소는 바로 성실과 유능이다. 성실과 유능은 집을 짓는데 필요한 두 개의 커다란 기둥과 같다.

성실하기는 한데 유능하지 못한 사람은 착실하고 좋은 사람으로 남을지는 모르지만 사회나 직장에서 활약하는 인재가 되기는 어렵다. 반면에 유능하기는 한데 성실하지 못한 사람은 사회의 큰 도둑, 즉 사기꾼이 될 가능성이 높아 걱정인 사람들이다. 성실과 유능을 균형 있게 지니고 있는 사람이야말로 사회나 조직에서 필요로 하는 인재가 될 것이다.

그렇다면 성실이란 과연 무엇일까? 성실은 부지런함과 정직함을 가리킨다.

여기서 부지런함은 일찍 일어나서 자신의 생활을 건전하게 시작하는 기본적 의미와 함께 직장의 출근시간부터 사람들과의 약속을 잘 지키는 신의까지를 포함한다. 서양속담에도 "일찍 일어나는 새가 더 많은 먹이를 얻는다."라는 말이 있듯이 부지런함은 모든 일에 근본이 된다.

사회생활을 하는데 있어서 부지런함은 가장 기본이 되는 사항이다. 직장생활을 하다보면 똑같이 회식을 하고도 다음날 꼭 늦게 출근하는 사람을 보게 된다. 평소에는 아무런 얘기를 안 하다가도 중요한 일을 그 사람에게 맡기기라도 할 일이 생기면 기본적인 신뢰가 없기 때문에 망설이게 된다. 이렇듯 부지런함이라는 매우 기본적인 요소를 지키지 못하면, 결과적으로 자기 자신이라는 브랜드 이미지 구축에 심각한 타격을 줄 수 있다.

그리고 정직함은 사람들에게 진실한 태도로 임해야 하며 한번 한 약속은 꼭 지키는 습관을 가져야 한다는 것을 의미한다.

유능이란 자기가 속해 있는 조직이나 사회에서 꼭 필요한 실력 혹은 일을 효율적으로 처리하여 조직이나 사회에 이익이 될 수 있게 하는 능력을 말한다. 유능은 선천적으로 타고나는 경우도 있으나 상당 부분은 후천적인 노력에 의해서 키워질 수 있다. 물론 천부적인 소질을 요구하는 예술 분야는 예외지만 대부분의 사회생활, 특히 조직에서의 유능함은 노력 여하에 달려 있다. 유능이란 자신이 속해있는 조직이나 사회의 목적에 부합하는 지식과 노하우를 갖추는 것이다.

기업에 속해 있는 사람의 경우 기업경영에 대한 이해의 폭을 넓히고 자신이 담당하는 아이템에 전문성을 높이며 세계화 시대에 맞는 어학을 익히는 것이 유능함을 제고시켜 주는 요소가 될 것이다. 사회에서 자영업을 하는 사람의 경우는 본인이 하고 있는 일에 관한 최고의 전문가가 되는 것을 말한다.

하지만 유능함을 높이는 일도 성실하지 못하면 불가능하다. 때문에 성공에는 성실함이 깔려 있어야 한다.

이러한 성실과 유능을 기반으로 우리가 가장 소중히 여겨야 하는 일은 바로 사람들과의 관계를 만드는 일이다. 각자가 제 구실을 다할 때, 사회라는 전체요리에 적절한 양념이 되어 멋진 맛을 내는 사회로 발전할 수 있는 것이다. 사회생활에서 사람이 가장 중요한 자산이라는 것을 잊어서는 안 된다.

　이 책 『편지로 시작하는 아침』은 성실과 유능을 동시에 요구한다. 그런 면에서 편지(E-mail도 포함하여)로 매일 만난 사람 즉, 주변의 소중한 휴먼 네트워크를 관리하는 일은 곧 성공과 직결되어 있음을 여러분도 확인해 보기 바란다.

　사람은 누구나 성공을 원하지만, 성공하는 사람은 의외로 적다. 성공을 꿈꾸면서도 성공하는 방법을 모르기 때문이거나, 방법을 알고 있더라도 실천하지 않기 때문이다. 이 책을 접한 분들에게 실천을 강력히 권한다.

　필자도 학창시절부터 늘 성공해야겠다는 생각을 하고 이미 성공을 거둔 사람들을 벤치마킹하면서 나름대로 열심히 성공을 향한 길을 걸어 왔다. 성공의 길을 가는 데는 늘 복병이 숨어있게 마련이다. 그 길이 순탄하다면 누군들 성공하지 못하겠는가?

　그래서 인생에 어려운 일이 있을 때마다 자기 자신을 되돌아보고 다시 한번 추스르는 작업이 필요한 것이다.

　필자도 지금이 있기까지 많은 사람들이 도움과 조언이 있었다. 그 분들은 그 때나 지금이나 내게는 참으로 소중한 인생의 나침반 노릇을 하고 계신다.

강연과 강의를 하면서 늘 성공을 꿈꾸고 있는 사람들에게 하고 싶었던 이야기들을 책으로 엮기로 마음먹은 것은 내 작은 조언이 다른 분들에게는 큰 힘이 될 수도 있다는 생각이 들어서다.

이 책은 성공하는 방법에 대한 요점 정리다. 필자는 기회가 있을 때마다 사람들에게 성공하기 위해서는 성실의 텃밭에 유능함의 씨를 뿌리라고 강조해 왔다.

성실과 유능이라는 두 기둥을 굳게 잡고 실천에 옮기는 사람은 반드시 성공한다고 필자는 믿고 있다.

중요한 것은 실천이다. 만일 이 책에 정리한 생각이 마음에 와 닿으면 하나하나 실천해 나가면 되는 것이다. 연필이나 볼펜으로 밑줄이라도 그으면서 나라면 어떻게 이 부분을 실천해 나갈 것인지 메모하고 실생활에 적용한다면 반드시 성공에 접근하리라 확신한다. 한 번만 보고 이 책을 덮어선 안 된다. 메모했던 부분을 다시 되돌아보면서, 실천한 부분에는 명상노트에 메모와 별표를 남기면서라도 반드시 이 책이 여러분에게 실천서가 되기를 강력히 희망한다.

　이 책이 성공을 꿈꾸면서 열심히 살고 있는 사람들에게 희망의 가이드가 되기를 바라면서 성공은 실천하는 사람들만의 것임을 잊지 말자.

　독자 여러분의 성공을 기원하며, 이 책이 나올 수 있도록 협력해준 출판사와 출판 관계자 그리고 나의 가족에게 사랑을 전한다.

2003년 10월을 보내면서

저자 이 영 권

Contents

제 2 부 유능편 성공을 위한 강한 씨앗

Chapter 1

제1부 성실편

성공을 위한 텃밭

"조지 브라운, 당신은 어떻게 성공하신 겁니까? 성공의 요소가 무엇이라고 생각하십니까?"

그가 단호하게 대답했다.

"Mr. Lee, 나는 비즈니스를 커뮤니케이션이라고 생각해요. 아니 인생이 커뮤니케이션이죠. 누가 커뮤니케이션을 더 열심히 잘 하느냐에 따라서 성공하기도 하고 실패하기도 한다고 생각합니다."

"그게 무슨 뜻입니까?"라고 내가 다시 묻자 그가 환하게 미소 지으며 대답했다.

"친구와 고객과 가족과 얼마나 성실하게, 효율적으로 커뮤니케이션을 하면서 살아가느냐가 매우 중요하다는 뜻입니다. 커뮤니케이션을 잘 한다는 것은 말을 매끄럽게 잘 한다는 뜻이 아니고 꾸준하게 진심으로 그들과 교류한다는 뜻이죠. 커뮤니케이션 전문가는 늘 진심으로 사람들을 대하는 법입니다."

sincerity

1 멘토는 몸으로 가르친다

내가 조지 브라운을 처음 만난 것은 1979년 12월 이었다. 미국 뉴저지 주에 파견 근무를 나가 몇 년을 살아야 했기에 그 곳에서 사용할 자동차를 사려다보니 자동차 세일즈맨인 그를 만나게 된 것이다. 당시 지사에 파견이 되면 선배들이 후배를 위해서 집과 자동차를 구입할 만한 곳을 직접 소개해 주는 것이 관례였다.

처음 조지 브라운을 만났을 때 그는 자동차 세일즈맨이라고 전혀 상상할 수 없을 만큼 잘 생기고 멋진 풍모를 지니고 있었다. 선배의 소개로 인사를 나누고 명함을 받은 후에야 비로소 그가 자동차 세일즈맨이라는 사실을 알았을 정도로 풍채가 뛰어난 사람이었다.

인사를 나눈 후 우리는 자리를 잡아 앉았다. 그의 작은 탁자를 사이에 두고 상담을 시작해 자동차 키를 넘겨받기까지 약 3시간 동안 그는 나에게 시시콜콜하다 싶을 정도로 잡다한 내 주변 상황을 꼼꼼하게 물

어봤다.

가족 관계를 비롯해 회사에서 맡은 일, 내가 앞으로 해야 할 일, 포부, 인생관, 취미, 좋아하는 운동 등등.

그는 사람을 편안하게 하는 특별한 능력을 지닌 사람이었다. 그가 지닌 부드러운 유머 감각은 고객인 내가 시간 가는 줄 모르고 즐겁게 내 주변 상황에 대한 이야기를 할 수 있도록 안내했다. 그야말로 대화 기술이 매우 뛰어난 사람이었던 것이다.

나는 빨리 키를 받아서 운전해 보고 싶은 마음에 대화가 끝나자마자 차를 몰고 신나게 사무실로 돌아 왔다.

시간이 한참 지나 그와의 만남이 잊혀질 무렵, 그가 내게 전화를 걸어 왔다. 그는 우선 내게 기분 좋은 인사를 건네더니 내 차의 주행거리가 300마일(약 5000km)정도 되지 않느냐고 물었다. 나는 단 한 번도 내 자동차의 계기판을 유심히 살펴 본적이 없었기 때문에 잘 모르겠다고 대답했다. 그러자 그는 나에게 지금 바로 확인해 보라고 했다.

그의 말대로 차의 계기판을 확인해 보니 정말로 주행거리가 300마일에 가깝게 나온 것이 아닌가?

나는 깜짝 놀랄 수밖에 없었다. 사무실로 돌아오자마자 조지 브라운에게 전화를 걸었다.

"어떻게 제 자동차의 주행거리가 300마일 정도 됐을 거라는 사실을 아신 거죠?"라고 말을 꺼냈다.

그러자 그는 웃으며 내게 말했다.

"그게 제가 지닌 전문성 아니겠습니까? 주행거리가 300마일 정도

되면 엔진오일을 갈아주는 게 좋습니다."

전화를 끊고 가만히 앉아서 처음 차를 사러 간 날을 회상했다. 3시간가량 나와 이야기하면서 무엇인가 열심히 메모하는 그의 모습이 떠올랐다. 그는 나와 대화를 나누는 동안 꼼꼼하게 내 행동반경과 생활거리를 계산한 것이다. 그는 진정한 자동차 세일즈 전문가였다.

내가 미국에서 5년 반을 머무는 동안 조지 브라운은 나에게 50통 가량의 편지를 보낸 사람이다. 전화와 사무실을 들른 것까지 합치면 100번 이상 커뮤니케이션한 사람이다.

1985년에 귀국해 지금까지 나는 한국에서 5번 차를 바꿨지만, 5번 모두 다른 세일즈맨에게 차를 샀다. 그들은 나를 지속적으로 관리하지 않았다. 이것이 일류 세일즈맨과 이류, 삼류 세일즈맨의 차이점이다.

비즈니스의 성공은 인간관계의 성공이다. 이 사실은 누구나 알고 있지만, 정작 성공은 '알고 있는 사람' 보다는 '실천하는 사람' 의 손을 들어 준다. 아는 것과 실천하는 것은 전혀 다른 힘을 발휘하기 마련이다. 인생에서 성공하는 사람은 늘 실천하는 사람이다.

나는 기꺼이 조지 브라운을 내 인생의 멘토로 삼았다. 그는 몸으로 실천하면서 나에게 많은 것을 가르치고 있었다. 그것을 깨우친 것은 훨씬 후였지만 말이다.

조지 브라운, 그는 몸소 실천해 성공한 진정한 성공자다.

성공을 위한 명상노트 - 멘토링

▥ 멘토링은 두 사람 사이에 이루어지는 긍정적이고 전진적인 인격교류의 관계로서 대인관계에서 있을 수 있는 사적이거나 공적인 베일을 벗고 서로 자신을 솔직하고 진솔하게 드러낸 상태에서 이루어지는 인격적인 교제이며 삶을 배우는 양식이다. 멘토링에는 멘토링 관계에서 그 주체가 되는 멘토 외에 멘토의 지도와 도움을 받는 피교육자인 객체가 있는데 그 대상을 멘토리, 멘티, 혹은 프로테제라 한다. 멘토는 교사, 지도자, 안내자, 상담자, 인생교사 등의 포괄적인 개념을 담고 있다.

멘토링의 기원은 고대 그리스의 시인 호머의 서사시 오딧세이에 등장하는 인물로 이타카의 왕인 오디세우스가 트로이 전쟁에 출전했을 때 그의 아들 텔레마쿠스를 맡아서 보호하고 가르쳤던 오디세우스 왕의 아들의 보호자이며 가정교사였다. 이 멘토는 텔레마쿠스의 일반 교육과 왕자 교육까지를 충실히 수행한 사람이었는데 여기서 멘토링이 유래했다.

현대의 멘토링이란 이런 배경 속에서 한사람의 훌륭한 인격 및 기업인 또는 지도자를 양성하는 하나의 방법론으로 교육 스킬을 향상 시키는 우수한 툴이다. 세계적인 기업에서 활용되고 있으며 현대의 모든 조직의 생존이 인력의 우수성에 있다고 할 때 멘토링은 하나의 대안으로 제시되고 있다. 예수님의 제자교육 역시 멘토링적 요소가 크다 할 수 있으며 기업의 경우 초기 신입 직원들의 정착과 안정적인 성장, 그리고 대기업의 경영 후계자를 양성하는 데에도 이 방법론이 많이 활용되고 있다.

2 조지 브라운의 시스템

나는 아직도 조지 브라운이 내게 보냈던 편지를 잊을 수가 없다. 진심으로 내 안부를 묻는 편지들……

나는 그의 편지가 무엇을 의미하는지 한참이 지난 뒤에야 알게 되었다.

생일이 다가 오면 생일 축하 편지, 가족의 기념일이 있는 날에는 작은 선물이라도 보내는 성의, 회사의 행사가 있을 때면 영락없이 보내는 축하 메시지……

잊을만하면 다시 기억을 되살리는 커뮤니케이션의 연속.

이것이 비즈니스 세계에서 얼마나 중요한 스킬이며 성의라는 것을 느끼게 한 것이다.

어느 날 문득 지나가는 길이라면서 우리 회사에 들러 직원들과 환한 모습으로 대화하는 그의 얼굴은 늘 평화롭고 자신에 차있었다.

귀국을 앞둔 나는 미국에서 공부한 분야 중에 CRM(Customer Relationship Management 고객관계관리)에 늘 관심이 많았기 때문에 조지 브라운을 찾아가서 인터뷰와 상담을 하기로 마음을 먹고 약속을 잡기 위해 그에게 전화를 걸었다.

전화를 받은 조지 브라운은 웃으면서 말했다.

"나를 찾아 와서 귀국 인사하는 사람은 여태 아무도 없었는데, 당신이 웬일입니까?"

"꼭 배우고 싶은 것이 있습니다!"

내가 정중히 부탁을 하자 한 시간 정도 시간을 내주기로 했다.

내가 그의 사무실을 찾아간 날은 참으로 날씨가 좋았던 것으로 기억한다. 사무실에 들어서자 조지 브라운이 반갑게 인사를 하면서 내게 처음 자동차 키를 건네줬던 그 작은 탁자로 나를 안내한 후 커피를 권했다.

나는 그에게 말했다.

"이 곳 말고 당신의 진짜 사무실을 보고 싶습니다."

그랬더니 조지 브라운은 웃으면서 답했다.

"이 곳이 내 책상이잖소."

나는 다시 한번 물었다.

"당신이 진짜 일하는 곳을 꼭 보고 싶습니다."

그는 크게 웃으면서 결국 숨겨진 사무실로 안내했다.

"처음 공개하는 겁니다."

그는 나를 숨겨진 사무실로 안내했다.

그 곳은 약 50평 남짓한 커다란 사무실이었다. 사무실에 들어서자 비서로 보이는 다섯 명의 세련된 여직원들의 일하는 모습이 내 눈에 들어 왔다.

그 중의 내 담당인 듯한 여비서를 부르더니 나를 소개했다.

"이쪽은 선경의 Mr. Lee, 이쪽은 Mary……."

나는 아주 의례적으로 "만나서 반갑습니다, 메리 씨!"라고 인사했다.

그런데 메리는 내 손을 잡으면서 친근히 말했다.

"반갑습니다. Mr. Lee, 떠나시기 전에 못 뵐 줄 알았습니다. 벌써 5년 반이 지났지요." 그녀는 내 모든 것을 다 알고 있었다. 나는 속으로 외쳤다.

'그래! 그러면 그렇지. 이런 시스템이 없이 어떻게 고객을 그토록 철저하게 관리할 수 있단 말인가!

내가 그 때까지 늘 궁금하던 숙제가 하나 풀리는 순간이었다. 고객관리는 시스템이다.

많은 사람들이 사람을 관리하겠다고 말은 하지만 잘 안 되는 이유는 효율적인 시스템을 갖고 있지 않기 때문이거나 성의가 부족해서다.

조지 브라운은 메리와 같은 일류 비서를 다섯 명이나 두고서 철저하게 고객을 관리해 온 것이었다.

*✲성공을 위한 명상노트 -

고객관리와 고객관계관리의 차이점

▥ 고객관리는 지금까지 해온 단순한 데이터베이스 작업이다.
고객관계관리라는 것은 데이터베이스를 활용한 입맛에 맞는 맞춤 관리라 할 수 있다.
예를 들어, 컴퓨터를 구매한 고객을 모두 정리해 두고, 새로운 제품이 나올때마다 안내 팜플렛을 보내는 일을 고객관리라고 한다면,
그 고객이 어떤 종류의 컴퓨터를 선호하고, 컴퓨터 구매시 어떤 것을 가장 중요하게 생각하며, 프로그램은 주로 어떤 것을 쓰는가 확인하여(여기까지는 고객관리) 고객이 흥미를 느낄만한 자료를 선별하여 알려주고, 이를 통해 기업에 대한 충성도를 높인다면 고객관계 관리가 된다.

즉 고객관계관리란 고객과 관련된 기업의 내외부 자료를 분석, 통합하여 고객 특성에 기초한 마케팅 활동을 계획하고, 지원하며, 평가하는 과정이며 아래는 그 세부적 내용이다.

과거의 대중 마케팅(Mass Marketing), 세분화 마케팅(Segmentation marketing), 틈새 마케팅(Niche marketing)과는 확실하게 구분되는 마케팅의 방법론으로 데이터베이스 마케팅(DB marketing)의 Individual marketing, One-to-One marketing, Relationship marketing에서 진화한 요소들을 기반으로 등장했다.

CRM은 즉 고객관계관리는 고객 수익성을 우선하여 콜센터, 캠페인 관리도구와의 결합을 통해 고객 정보를 적극적으로 활용하며, 기업 내 사고를 바꾸자는 BPR적인 성격이 내포되어 있다. 기업의 고객과 관련된 내외부 자료를 이용하자는 측면은 데이터베이스 마케팅과 성격이 같다고 할 수 있다. 그러나 CRM의 경우 고객의 정보를 취할 수 있는 방법, 즉 고객 접점이 데이터베이스 마케팅에 비해 훨씬 더 다양하고, 이 다양한 정보의 취득을 전사적으로 행한다는 것이다.

CRM은 고객 데이터의 세분화를 실시하여 신규고객 획득, 우수고객 유지, 고객가치 증진, 잠재고객 활성화, 평생고객화와 같은 사이클을 통하여 고객을 적극적으로 관리하고 유도하며 고객의 가치를 극대화시킬 수 있는 전략을 통하여 마케팅을 실시한다.

3

CRM이라는 시스템과 조지 브라운

메리를 소개한 후, 조지 브라운은 나를 그의 개인 사무실로 데리고 갔다.

방에 들어서자마자 내 눈에 들어 온 것은 사방에 붙어 있는 표창장이었다.

"이것이 다 뭡니까?"

조지 브라운이 미소 띤 얼굴로 얘기했다.

"이게 다 자동차 세일즈맨 생활 25년 하면서 제가 받은 표창장입니다."

나는 말문이 막혔다. 속으로는 탄성이 저절로 나왔다.

'와! 이렇게 훌륭한 사람을 만나다니……'

그랬다. 조지 브라운은 당시 미국을 통틀어 전체 자동차 세일즈맨 중에 판매 실적 5위 안에 랭크되어 있었던 거물이었다.

그를 만난 것은 큰 행운이었다. 그는 내가 지금까지 나름대로 성공의 길을 걸어오게 한 가장 큰 힘이 되어 준 스승이다.

그 때까지 조지 브라운의 명함에는 단순히 '세일즈맨'이라는 직함이 새겨져 있었으며 은퇴할 때까지 그 사람은 세일즈맨으로 살아갔다. 그는 자기경영과 고객관리 모두 충실한 사람이었다.

나는 그의 손을 덥석 잡고 "선생님, 앞으로 스승님으로 모시겠습니다!"라고 얘기했다. 원래 1시간을 약속하고 간 미팅이 10시간 이상 지속됐다. 나는 진지하게 그의 눈을 바라보면서 하나하나 질문을 해나갔으며 그도 나의 진지함에 화답하듯이 따뜻하게 답변해줬다.

나의 첫 번째 질문은 CRM에 대한 것이었다.

"조지 브라운, CRM(고객관계관리)의 뜻을 아시죠?"

나는 당연히 그가 알고 있을 것이라는 생각에서 한 질문이었으나, 그의 대답은 내 생각을 완전히 빗겨갔다.

"Mr. Lee, 그런 어려운 말은 몰라요. 전 고등학교 졸업자입니다."라고 말하는 것이었다.

내 얼굴이 갑자기 빨개졌다.

"죄송합니다!"

"아니에요."

내가 다시 질문했다.

"당신이 지금까지 고객을 관리해 온 것이 바로 CRM이라고 생각하시면 됩니다."

그러자 그가 대답했다.

"아, 그래요. 나는 다만 고객에게 최선을 다한다는 생각에서 한 일인데요. 진심을 담았을 뿐이죠."

나는 순간적으로 비즈니스에서 진심이 얼마나 소중한 것인지를 깨달았다.

'아, 그렇구나! 뭐든지 정성껏 고객을 섬기고 관리하는 자세가 CRM의 처음이자 끝이구나……!'

그 이후 나는 그의 말을 늘 가슴속에 새기고 사람들과 커뮤니케이션하기 시작했다.

누군가에게 편지를 보낼 때, 메일에 답장할 때 나는 늘 그의 말대로 진심을 담는다. 세상의 모든 사람들이 나의 보배가 될 수 있기 때문이다.

그는 젊은 시절 집안이 넉넉지 않아 자원입대를 한 후, 2년간 군 생활을 하면서 성공에 대해 깊은 고민을 했다고 한다.

'특별한 재주도, 내세울 특기도 없는 내가 뭘 해야 성공할 것인가?'

제대 후 주변 상황을 살피던 중 그는 자동차 세일즈맨이라는 직업에 관심을 갖게 됐다. 하지만 당시 자동차 세일즈맨들은 한 회사에 정착하지 못하고 이리 저리 옮겨 다니는 것은 물론이고 직업의 수명 자체가 짧다는 사실을 알게 되었다. 그 이유를 분석하기 시작했다. 그는 세일즈맨들이 자동차를 팔 때 주변의 아는 사람을 찾아다니면서 팔다가 지치면 그만 두거나 다른 직업을 찾아 떠났기 때문이라는 사실을 발견했다. 그래서 그는 거꾸로 생각했다. 발상을 전환한 것이다.

그는 '그래, 주변 사람들에게만 자동차를 팔려하지 말고 새로운 사람들을 발굴하고 그들에게 진심으로 다가가게 되면 그들도 마음을 열어주겠지. 그런 고객관리가 바로 성공의 발판이 되겠구나!' 라는 결론을 내렸다. 자동차 세일즈맨은 자본이 필요 없는 분야라는 것도 그의 결심을 굳게 만든 요인이었다.

*✳성공을 위한 명상 노트 – 고객관계관리

|||| CRM과 DB 마케팅

CRM(Customer Relationship Management) 이란 고객관계관리를 뜻하는 용어로 고객 집단을 정의하고 그에 적합한 제품과 서비스의 타깃을 위한 보다 정교한 개인화 도구라고 할 수 있다.

DB 마케팅은 고객들로부터, 거래처로부터 수집된 막대한 데이터를 통해 유용한 정보를 획득하기 위해서 시작된 것이다.
CRM은 그런 데이터를 가지고 고객을 중심으로 정보를 추출하려는 작업이다. 이 고객은 어떤 상품을 좋아하는지, 어떤 시간대에 쇼핑을 많이 하는지 등등.
하지만 최근에는 DB 마케팅의 포커스도 고객 분석쪽으로 많이 집중이 되는 경향이 있다. 그러나 DB 마케팅과 CRM의 용어도 혼용되어서 쓰이기도 하고, 영역의 차이가 모호해 지고 있다.

기존의 마케팅 방식에서 한 단계 상승한 타깃마케팅은 그동안 수집해온 고객들의 정보를 기반으로 보다 철저하고 정교한 코어 타깃 마케팅을 펼치는 것을 의미한다.
고객관계관리란 명칭에서 알 수 있듯이 고객과 기업간의 탄탄한 유대관계 형성을 기반으로 기업의 생산품(제품 혹은 서비스)을 적절한 고객에게 판매하고 다시금 고객에 대한 많은 정보를 수집하며 이를 반복하게 된다.

가령 예를 들자면, 홍길동 이라는 회원의 정보를 기업이 보유하고 있다. 이 정보를 보면 그는 월 500백만 원의 수입을 얻고 있으며 수입사치품에 관심이 많다. 그가 산 거래목록을 보면 구찌, 프라다 등의 제품이 주류를 이루며 특히 가방류에 관심이 많은 것으로 나타난다. 그럼 그에게 어떠한 제품을 권해야 하는지 가늠할 수 있지 않을까?

바로 이런 식으로 기업이 보유한 개인정보를 바탕으로 보다 확실하게 고객 분류 작업을 펼치는 것이 바로 CRM이라고 이해하면 된다.
기업이 고객에게 구미에 맞는 제품을 판매할 경우 고객 또한 이 기업과 보다 장기간의 거래를 원하게 될 것이다. 즉 이 기업은 내가 원하는 것을 꼭 집어 판매해준다는 식의 신뢰감이 들면서 고객과 기업간의 탄탄한 유대관계가 형성되는 것이다. 고객과의 구매 관계가 많아질수록 그 고객에 대한 정보 또한 많아지므로 이전보다 더욱 확실하고 정교한 판매행위가 이루어지게 된다.

CRM을 통해 기업이 얻을 수 있는 것은 바로 고객 만족도의 증가와 직접 마케팅 비용의 절감, 영업을 위한 정보지원, 보다 효과적인 마케팅, 고객 확보 및 유지비용 절감 등을 들 수 있다.

4 조지 브라운 씨,
당신은 어떻게 성공하신 겁니까?

내가 그에게 물었다.

"조지 브라운, 당신은 어떻게 성공하신 겁니까? 성공의 요소가 무엇이라고 생각하십니까?"

그가 단호하게 대답했다.

"Mr. Lee, 나는 비즈니스를 커뮤니케이션이라고 생각해요. 아니 인생이 커뮤니케이션이죠. 누가 커뮤니케이션을 더 열심히 잘하느냐에 따라서 성공하기도 하고 실패하기도 한다고 생각합니다."

"그게 무슨 뜻입니까?"라고 내가 다시 묻자 그가 환하게 미소 지으며 대답했다.

"친구와 고객과 가족과 얼마나 성실하게, 효율적으로 커뮤니케이션을 하면서 살아가느냐가 매우 중요하다는 뜻입니다. 커뮤니케이션을 잘 한다는 것은 말을 매끄럽게 잘 한다는 뜻이 아니고 꾸준하게 진심으로 그들과 교류한다는 뜻이죠. 커뮤니케이션 전문가는 늘 진심으로 사람들을 대하는 법입니다."

나는 그 이야기를 듣고 지난 5년 반 동안 조지 브라운에 내게 했던 모든 일들이 브라운의 확고한 철학과 진심에서 비롯된 것이라는 사실을 깨달았다.

5년 반 동안 50통의 편지를 보내고 50차례의 전화통화 또는 방문을 한 것이 그냥 우발적으로 한 일이 아니고 프로답게 고객과의 관계를 증진하기 위해서 한 일이라는 것을 알았다.

내가 다시 물었다.

"그러면 커뮤니케이션을 잘 하려면 어떻게 해야 합니까?"

그가 대답했다.

"성실(Sincerity)하고 능력(Capability)이 있어야만 합니다."

성공의 두 요소로 성실과 유능을 꼽고 있었던 나로서는 귀가 번쩍 뜨였다.

"하루 일과를 몇 시에 시작합니까?"

그는 5시에 시작한다는 말로 하루 일과에 대한 상세한 얘기를 시작했다.

"5시에 일어나서 30분간 운동을 한 후, 30분은 신문을 읽는데 투자하며, 30분간 식사를 합니다. 그리고 6시30분경에 집을 나섭니다. 7시 이전에 사무실에 도착하게 되지요. 7시에 편지를 쓰는 일로 업무를 시작합니다. 편지 쓰는 일은 1시간에서 1시간 30분가량 소요되죠. 편지

쓰기가 끝이 나면 그날의 일정을 다시 한번 점검하고 9시에 비서들과 가벼운 회의를 한 후에 9시 30분경에 사무실을 나서서 고객들과 미팅을 합니다. 고객 미팅을 끝내고 회사에 돌아오는 시간은 보통 4시경, 그 때부터 약 1시간 동안 그날 만난 고객들과의 대화 내용과 고객정보를 비서들에게 전해 주고, 비서들에게 업무 보고를 받습니다. 업무상 지시할 내용이 있으면 지시하고 7시경까지 각종 책과 자료를 읽고 퇴근합니다."

그는 정확하게 12시간을 일했다. 최근 미국의 한 경제잡지에 미국 주요 기업의 CEO들의 평균 업무 시간이 약 14시간이라는 기사가 실린 적이 있다. 부지런하게 많이 일하는 사람이 성공한다는 뜻이다.

우리는 미국인들 모두가 아침 9시에 출근해서 오후 5시면 퇴근하는 것으로 알고 있지만, 그것은 평범한 사람들의 경우다. 성공하거나 성공가도에 있는 사람들은 예외 없이 부지런히 일을 하는 사람들인 것이다. 조지 브라운도 그런 사람 중의 하나였던 것이다.

한국에 와서도 주변의 성공한 많은 사람을 접하고 교분을 쌓을 기회가 있는 필자는 그야말로 일벌레인 사람이 성공한다는 것을 재삼 확인할 수가 있었다.

운동선수로서 성공한 사람들을 보라. 하루아침에 한국 최고의 아니 세계 최고의 선수가 되는 사람은 없다. 부단한 노력과 피나는 자기와의 싸움에서 이긴 사람들이 훌륭한 선수가 되듯이 특정 분야에서 성공하는 사람들도 마찬가지인 것이다.

조지 브라운의 이야기를 들으면서, 나는 스스로를 되돌아보았다.

나도 당시 젊은 나이에 소위 말하는 출세의 가도를 달리고 있었던 사람이었지만, 과연 조지 브라운처럼 체계적이고 지속적인 자기경영과 고객관리를 하고 있는가에 대해서는 깊은 회의감이 들었다. 나는 많은 반성을 했다. 그리고 마음을 고쳐먹었다. 보다 체계적이면서도 과학적인 방법으로 나 자신과 고객을 관리해야 주먹구구식으로 하는 사람보다 성공할 확률이 높을 것이라는 생각을 하게 되었다.

나는 그에게 좌우명을 물었다.

그는 답했다.

"내 인생의 좌우명은 '주어진 조건 안에서 최선을 다하라' 는 것입니다."

사람마다 주어진 조건이 있다. 부모, 태어난 나라, 태어난 지역, 부잣집, 가난한 집 등등……. 조건을 바꿀 수는 없다. 다만 우리가 할 수 있는 일은 자기에게 주어진 조건 안에서 최선을 다해 다른 누구보다도 더 멋진 결과를 내는 것이다.

키가 작은 선수도 농구스타가 된 사람이 있고, 덩치가 작은 사람도 훌륭한 축구 선수가 된 사람이 있으며, 장애인이 특정 분야의 최고 전문가가 되어서 많은 사람을 놀라게 하는 것이 조건 안에서 최선을 다해 좋은 결과를 창출한 경우다. 이것이 바로 사람이 지닌 무한한 가능성이다.

많은 사람들이 미리 자신의 처지를 비관해 포기해버리곤 한다. 그래서 성공하지 못하는 것이다.

옛말에 '전화위복(轉禍爲福)' 이라는 말이 있다. '새옹지마(塞翁之馬)' 라는 말도 있다. 두 사자성어가 주는 의미는 무엇인가!

똑같은 상황이더라도 어떻게 생각하고 대처하면서 살아가느냐에 따라 그 결과는 전혀 다를 수 있다는 것이다.

어려운 상황을 맞이했을 때도 의연하게 대처하면서 열심히 미래를 위한 씨를 뿌린다는 자세를 갖는 것이 그래서 중요한 것이다.

앞서 언급했지만, 조지 브라운은 어려운 가정환경에서 태어나 대학 진학을 포기하고 자원입대한 사람이다. 제대 후에 자신의 진로를 결정할 때도 많은 사람이 중도에 포기하는 세일즈맨의 길을 오히려 기회의 장으로 인식하고 달려든 사람이다.

요즈음 한국 사회는 참으로 어렵다. 경제적으로도 어렵고, 정신적으로도 갈 곳을 잃어 방황하는 사람들이 늘고 있다.

경제 환경은 회복될 기미를 보이지 않고 청년실업은 날이 갈수록 늘고 있으며 정치는 국민의 신뢰를 잃어 엉망이고, 미래에 대한 비전은 없어 보인다. 많은 사람들이 희망의 끈을 놓아버리기 일쑤다.

하지만 인생은 희망이라는 등대가 있기에 재미있고 보람된 것이다. 아무리 깊은 밤이라도 새벽은 오게 되어 있고, 아무리 추운 겨울이라도 봄은 오는 법이다.

조지 브라운처럼 어려운 가정환경에서도 자신의 뚜렷한 목표를 가지고 정진하면 반드시 성공한다는 것을 나는 확신했다.

인생은 마라톤이다. 일찍 포기할 이유가 없다. 꾸준히 달리되 힘들 때는 잠시 목을 축이면 그만인 것이다.

나도 어려서 아버님이 일찍 돌아가신 후에 홀어머니 밑에서 어렵게 자란 경험이 있다. 늘 혼자서 생각하고 결정하면서 인생을 헤쳐 나왔다.

힘든 와중에도 늘 미래에 대한 희망과 포부를 잃지 않았기 때문에 오늘의 내가 있다고 자부한다.

누구나 최고가 될 가능성을 지니고 있다. 조지 브라운도 꿈을 가지고 노력하여 그 꿈을 실현한 사람이다.

나는 내 인생의 멘토인 브라운을 되새기면서 지금까지 살아왔다. 그 전에도 다른 사람보다 아침에 일찍 일어나기는 했지만, 일어나는 시간을 더 앞당겼다. 멘토를 복제하기로 한 것이다. 성공자를 복제한다는 것이 쉬운 일은 아니다. 그러나 복제하기만 한다면, 성공은 내 것이 된다.

복제는 성공으로 가는 지름길이다. 선구자가 느끼고 시행착오를 거쳐서 이루어 놓은 노하우, 즉 성공 시스템을 복제하는 것이기 때문에 실패할 확률을 크게 줄여 준다.

많은 사람들이 가끔씩 착각에 빠지곤 한다. 자기에게 맞는 방법, 자기 나름대로 설정한 방법이 성공하기에 더 좋을 수 있다고……. 얼핏 보면 맞는 생각이다. 그러나 이 세상의 많은 선지자나 선구자들이 시행착오를 겪으면서 쌓아온 노하우를 뛰어 넘는 경우는 거의 없다. 따라서 좋은 스승을 거울삼아 그의 성공의 길을 복제하고 거기에 자신만의 강점을 더할때 비로소 청출어람(靑出於藍)을 이룰 수 있는 것이다.

공부도 마찬가지다. 영어 공부를 잘하기 위해서는 선배들이 많은 노력과 시행착오를 겪으면서 만들어 놓은 참고서를 보고 지름길을 가는 것이 유리하다.

청출어람! 스승을 능가하는 제자를 일컬을 때 쓰이는 사자성어다. 이 세상에는 청출어람을 일군 많은 인재들이 있다. 하지만 이러한 인재들도 늘 그들에게는 소중한 스승, 즉 멘토가 있다.

본래 멘토란 오디세이라는 문학작품, 즉 설화 속의 이야기에 등장하는 인물이다. 전장에 나가게 된 왕이 왕자의 교육을 자신의 친구인 멘토라는 인물에게 부탁하고 떠나게 된 이야기에서 비롯된다. 왕의 친구인 멘토는 친구인 왕의 부탁을 성실하고 완벽하게 지켜낸다. 아들을 위대한 왕의 재목으로 키워낸 것이다. 그때 멘토가 사용한 방법이 지(智), 정(正), 의(義)였다. 요즘으로 말하면 전인교육을 했다는 말이다. 교육방법 또한 독특해 멘토와 왕자가 일대일로 앉아 멘토가 질문을 던지고 왕자가 대답하는 문답법을 취했다. 그리고 멘토는 단지 학업에 있어서의 스승 역할뿐만 아니라 인생의 가치관과 철학까지 가르쳤던 것으로 전해지고 있다.

나는 지금까지 조지 브라운을 인생의 멘토로 삼고 있으나 청출어람을 이루지는 못했다. 내 목표는 조지 브라운을 스승 삼아 청출어람에 이르는 것이다.

독자들에게도 권한다. 좋은 스승을 정해 청출어람에 도전할 것을 권한다. 청출어람 하고자 하면 우선 성공자인 스승을 복제해야만 한다.

✳ 조지 브라운의 스케줄

순서	시작시간	끝시간	일과	나의 스케줄
AM 1	5:00		기상	
2	5:00	5:30	운동	
3	5:30	6:00	식사	
4	6:00	6:30	신문	
5	6:30	7:00	출근	
6	7:00	8:30	편지쓰기	
7	8:30	9:00	일정체크	
8	9:00	9:30	사내회의	
9	9:30	PM 4:00	사외 영업	
PM 10	4:00	5:00	사내회의	
11	5:00	7:00	자료, 책보기, 퇴근	

※ 조지 브라운의 하루 스케줄을 참고하여 성공자를 복제하라. 성공은 오직 실천하는 자의 것이다!

5 기도하는 마음으로 편지를 써라

　매일 아침 7시, 조지 브라운은 사무실에 도착하면 한 두 시간 동안 편지를 쓴다. 비서들이 타이핑해 놓은 편지들을 하나하나 들여다보면서 오, 탈자가 없는지 확인하고 자신이 지시한대로 편지를 작성했는지를 살핀 후에 반드시 친필로 추신을 달아서 몇 마디라도 진심어린 안부를 전하고 친필 서명으로 편지 하나하나를 마무리한다. 서명 후에 편지 봉투의 주소만큼은 자신이 직접 쓴다. 편지를 정리할 때 그는 늘 기도하는 마음으로 한다고 했다. 한 사람 한 사람이 보물이기 때문에 정성스럽게 기도하는 마음으로 편지를 쓰는 것이다.

　우리는 요즈음 우편물의 홍수 속에서 살고 있다. 각종 홈쇼핑 업체의 광고 메일에서 세일즈맨들의 편지들……. 그러나 우리가 받고 있는 편지는 대부분 죽은 편지다. 그런 편지들은 컴퓨터가 쏟아낸 휴지나 마찬가지다. 상대방에 대한 배려나 사랑이나 정성이 들어있지 않고 단지 이름과 주소만 바꿔 똑같은 내용의 편지를 보내버리는 것이다. 편지들에는 하나같이 생명력이 없다.

나를 가장 기분 나쁘게 했던 편지 중 하나는 한 항공사에서 보냈던 우편물이었다. 항공사 마일리지 프로그램에 가입한지 15년이 지났는데도 15년 전의 것과 같은 내용의 편지가 날라 온 것이다.

그 회사의 담당자에게 전화해서 앞으로 편지를 보내지 말 것을 요구했다. 그리고 이런 편지는 다른 이에게도 보내지 않는 것이 더 낫겠다는 충고도 잊지 않았다.

조지 브라운이 하루에 두 시간 가까이 열의와 정성을 다해 자신의 친필로 추신을 달고 주소를 쓰는 이유는 편지에 생명력을 부여하기 위해서다. 그는 편지를 받는 상대방에게 자신의 진심이 그대로 묻어있는, 즉 살아있는 편지를 보내고 싶었을 것이리라.

고객의 마음을 울리려면 정성이 있어야 한다. 나 또한 조지 브라운의 조언과 진심을 배우려 노력하고 있다. 사람들에게 편지를 보내거나 커뮤니케이션을 할 때 늘 최선을 다하는 것이다. 사람들에게 편지를 쓰는 일은 성공을 위한 씨를 뿌리는 작업이다. 농부가 봄에 한해의 풍년의 진심으로 기원하면서 정성스레 씨를 뿌리듯이, 나 또한 농부의 심정으로 편지를 쓰는 일에 정성을 기울이는 것이다.

나는 매일 사람들에게 하루에 5통의 편지를 쓴다. 그리고 기회가 있을 때마다 많은 사람들에게 그것을 권하고 있다. 편지의 힘을 필자가 직접 지난 18년간 느껴봤기 때문이다.

사실, 쉬지 않고 매일 5통의 편지를 쓴다는 일은 결코 쉽지 않다. 쉽지 않은 일이기 때문에 많은 사람들이 시작을 했다가도 곧 포기를 하고 만다. 그래서 성공한 사람은 많지 않다.

주변의 지인들 그리고 고객들에게 매일 아침, 기도하는 마음으로 5통의 편지를 쓰라. 인간관계에 있어서 대단히 큰 성과를 맛보게 될 것이다.

만난지 3일 이내에 편지를 보내라.

상대방은 나를 확실하게 기억해 줄 것이다.

상대방의 기억 속에 자신의 이름을 새기는 작업이 바로 커뮤니케이션이다.

✳ 성공을 위한 명상 노트 - 성의

〟〟〟 "남과 사귈 때, 가장 허망하기 쉬운 것은 언어다.
그러므로, 성인은 믿음으로 언어의 법칙을 삼으라 가르치고 있다.
믿음과 성의는 같은 이치다.
그러기에 성의를 가지려면 먼저 망령 되지 않는 진심을 담은 말로 시작 해야한다."고
하였다.
—이 황

6 '학습인 (學習人)'

성공하는 사람은 배우려는 자세가 넘치는 사람이다. 무슨 일을 대하더라도 모르는 것이 있으면 서슴없이 묻고, 연구하고, 배우는 사람이 성공한다.

배움의 대상을 정할 때, 너무 멀리서 찾을 필요는 없다. 우리 주변을 살펴보자. 성공해서 잘 나가는 사람에게도, 실패해서 좌절감을 맛 본 사람에게도 모두 배울 것이 있다. 성공한 사람에게서는 성공할 수 있는 강점과 좋은 점을 배울 수 있으며 실패한 사람에게서는 실패한 원인과 이유를 배울 수 있다.

성공한 사람이나 실패한 사람이나 모두 장애물이나 난관을 만나 이를 해결해 나가는 과정을 겪게 마련이다. 성공한 사람은 실패했을 때도 겸허하게 상대방의 충고를 받아 드리거나 실패에서 교훈을 찾아내려는 자세를 가진 경우가 많다.

'불치하문(不恥下問)' 이라는 옛말이 있다. '아래 사람에게라도 모르는 것을 묻는 것은 부끄러운 것이 아니다' 라는 뜻이다. 또 공자 말씀에 '두 사람 이상이 함께 가면 그 중에는 반드시 스승이 있다' 는 말이 있지 않은가!

늘 겸손하게 배우려는 자세를 잃지 않는 사람이 당연히 더 많은 것을 얻을 수 있고 성공할 확률이 높다.

그러나 우리는 주변의 사람들로부터 많은 것을 배울 수 있음에도 불구하고 그 기회를 놓치곤 한다.

친구와 대화를 나누면서도 배우고, 손님을 접대하면서도 배우고, 자제들과 어울리다가도 문득 얻는 것이 있다. 이렇게 겸손하게 배우는 자세로 임하면 모든 것이 새로울 것이다. 배우는 자세가 갖춰지면 하루 종일 어떠한 일을 하고 있더라도 늘 배우며 살기 때문에 하루가 보람될 것이다.

최근 경영혁신방법으로 '학습조직' 이란 개념이 부각되고 있다. 필자는 학습조직이란 개념 대신 '학습인(學習人)' 이라는 용어를 사용하고 싶다. '학습인' 이란 늘 공부하는 사람, 늘 공부하려는 자세를 지니고 있는 사람을 뜻한다.

지금까지 인류를 이끌어 온 선구자들은 모두 남들보다 더 고민하고, 연구하고, 공부한 사람들이다. 기업에서 성공하는 사람들도 남보다 조금 자면서 연구하고, 고민하고, 늘 생각하면서 공부하는 '학습인' 인 경우가 많다.

여러분도 이런 학습인이 되길 바란다. 배우려는 자세가 있는 사람은 성공의 지름길로 들어서는 사람이 될 것이다.

그러면 학습인이 되는 방법에는 어떤 것이 있을까? 배우는 데는 다른 사람의 경험을 많이 듣는 방법과 책을 읽어 얻는 방법 그리고 스스로 체득하는 방법이 있다.

스스로 체득하는 데는 너무나 많은 시간과 비용이 소요되기 때문에 학습효과가 상대적으로 떨어질 수 있다. 따라서 간접경험을 통해 시행착오를 줄이고 학습효과를 높일 수 있는 강의나 강연 그리고 세미나 참석을 활용하라. 강연을 듣는 것과 함께 책을 통한 지식의 습득을 병행하는 것도 좋다.

시간이 날 때마다 주변의 좋은 사람들을 많이 만나서 대화를 통해 배우고 책을 늘 주변에 두고 시간이 날 때마다 읽는 습관은 성공의 큰 자산이 된다. 가방에 꼭 책 한 권을 넣고 다니면서 읽는 것도 훌륭한 학습인이 될 수 있다. 약속 장소에 30분쯤 일찍 도착해 책 보는 것을 습관화 해보라. 진정한 학습인이 될 때, 배우고자 하는 자세가 충만할 때, 여러분은 성공의 문으로 한 발씩 다가가게 될 것이다.

*❉성공을 위한 명상노트 - 배움

|||| 하루 공부하지 않으면 그것을 되찾기 위해서는 이틀이 걸린다. 이틀 공부하지 않으면 그것을 되찾기 위해서는 나흘이 걸린다. 1년 공부하지 않으면, 그것을 되찾기 위해서는 2년 걸린다. ─탈무드

|||| 현명한 사람이 어리석은 사람에게서 배우는 것이, 어리석은 사람이 현명한 사람에게서 배우는 것보다 많다. ─몽테뉴

|||| 가장 유능한 사람은 배우는 사람이다. ─괴테

7 운명은 최선을 다하는 사람의 편

여전히 많은 사람들이 성공을 꿈꾸며, 성공을 원한다. 열심히 노력하는 사람은 성공의 열매를 따기도 하지만, 많은 사람들이 열매를 거두지 못하고 중도에서 포기하고 만다.

포기하거나 실패한 사람들에게서 공통적으로 듣는 하소연이 '한다고 했는데 안 되는 걸 어떡해!' 라는 말이다.

그 때마다 나는 되묻고 싶다.

'정말로 최선을 다했는가?'

나는 '진인사대천명(盡人事待天命)' 이라는 글귀를 좋아한다. 대학시절에 좋아하던 글귀 중에 '주어진 조건 안에서 최선을 다하라' 라는 말이 있는데, 진인사대천명(盡人事待天命)과 일맥상통하는 글이다.

토마스 에디슨은 "천재는 1%의 영감과 99%의 노력으로 만들어진다.”고 말했다. 내가 생각하는 99%의 노력은 바로 진인사(盡人事)다.

사람에게는 무한한 가능성이 있다. 다만 자신이 가지고 있는 가능성을 100% 발휘하지 못하고 인생을 마치는 사람이 대부분이다. 진인사(盡人事)한 후에 대천명(待天命)해야지 처음부터 하늘만 믿고 열심히 노력하지 않는다면 성공할 확률은 뚝 떨어지게 될 것이다.

'자신 안에 잠자고 있는 거인(Sleeping Giant)을 깨워라' 라는 내용의 책이 최근에 베스트셀러가 된 것도 많은 사람들이 자신 속에 있는 잠재력을 믿고 있기 때문이다.

그렇다. 모든 사람은 자신도 모르는 잠재력을 지니고 있다. 다만 그 잠재력을 최선을 다해서 꺼내 쓰지 못하기 때문에 아깝게 묻어 두는 것이다.

인생을 살면서 진정으로 자기 자신이 진인사(盡人事)라는 말을 쓸 자격이 있는지를 살펴보는 성찰과 반성이 필요하다. 그렇지 않으면 실패를 하고도 늘 구차한 변명을 일삼는 낙오자로 남게 되기 때문이다.

아침에 일어나서 잠자리에 들 때까지 최선을 다해서 하루를 살았는가? 어떤 문제에 직면했을 때 최선을 다해서 해결하려고 했는가? 누군가를 설득하려고 했을 때 진심으로 최선을 다했는가?

많은 사람들이 자신 있게 '그렇다' 라고 답하기 어려울 것이다. 그렇다면 성공할 확률이 떨어지고 있다는 것을 본인 스스로가 느끼게 될 것이다. '하늘은 스스로 돕는 자를 돕는다' 는 명언처럼 진심을 다해서 기도하는 마음으로 최선을 다하면 세상의 어떤 매듭도 풀릴 것이다.

필자가 진행하는 방송 프로그램에 출연했던 한 중소기업의 성공한 기업가는 이렇게 말한 적이 있다.

"처음 사업을 시작할 때 경쟁자들이 선점하고 있는 시장에 진입하기 위해서 방법을 궁리했습니다. 결국 저는 매일 새벽, 거래처로 뚫어야겠다는 목표로 삼은 상점 앞에 서 있다가 상점 주인이 문을 열기 시작하면 함께 문을 열어주고, 물건도 진열해 주면서 진심으로 거래하고 싶다는 마음을 전했습니다. 처음에는 냉담했던 그 상점 주인이 수 개월 만에 첫 주문을 하더군요. 그렇게 거래를 시작한 후에도 늘 한결같은 마음으로 전념한 끝에 마침내 경쟁자들 물리치고 시장 진출에 성공을 했습니다."

필자는 그의 과거 술회를 듣고 '저것이 바로 진정한 진인사(盡人事)로구나' 라는 생각을 했다.

그렇다. 흔히 인생은 불공평한 것이라고 푸념하지만, 사실 진정한 성공은 최선을 다하는 사람의 몫이다. 다만 대부분의 보통 사람들은 최선을 다하지 않았으면서도 스스로는 최선을 다했다고 자위하고 있는 것이다.

학창시절에 일등을 하고 싶지 않은 사람이 어디에 있겠는가! 일등을 하는 학생은 두 부류가 있다. 한 부류는 타고난 천재형이고 다른 한 부류는 노력형이다. 똑똑하지 않아도 노력하는 사람은 좋은 결과를 얻게 되어있다. 이것이 바로 진인사(盡人事)다. 성공하고 싶다면 진심으로 최선을 다해서 진인사(盡人事)하고 있는지를 반성하고 성찰해야 한다. 진인사(盡人事)한 후에 대천명(待天命)해야 한다는 것을 잊지 말자.

* ❋ 성공을 위한 명상노트 - 진인사대천명

▥ 평범한 인간이 이따금 비상한 결의로 성공하는 경우가 있는데, 그것은 그가 훌륭한 인물이어서가 아니라 불안에서 벗어나려고 끊임없이 노력한 결과다. -몽테로랑

▥ 어느 분야에 성공한 사람들은 모두 한결같이 쉬지 않고 부지런히 자신이 뜻하는 바를 향하여 걸었던 사람들이다. 크게 성공한 사람일수록 그 뒤에는 그만큼 큰 노력이 숨어 있다. 결국 사람은 자신이 노력한 만큼, 부지런한 만큼 거두어들인다는 공통점이 있다. 실패를 걱정하지 말고, 먼저 부지런히 목표를 향하여 노력하라. 노력한 만큼 반드시 보상 받을 것이다. -노만 V. 필

▥ 사람은 모든 길을 갈 수는 없다. 성공은 한 분야에서 얻어야 하며, 우리 직업은 오직 하나의 인생 목표로 삼아야 하며, 다른 모든 것은 이것에 종속되어야 한다. 나는 일을 어중간하게 하는 것을 싫어한다. 그것이 옳으면 대담하게 하여라. 그것이 그르면 하지 말고 버려라. 이상을 가지고 산다는 것은 성공적인 삶이다. 사람을 강하게 만드는 것은 사람이 하는 일이 아니라, 하고자 하는 노력에 있다.
  -어니스트 헤밍웨이

8 이승엽 선수와 대나무

옛말에 '지성이면 감천이다' 라는 말이 있다. 이 말은 정성을 다하면 하늘도 감동한다는 뜻이다.

'낙숫물이 바위를 뚫는다' 라는 말도 있다. 아무리 작은 낙숫물이라 할지라도 꾸준히 지속하면 바위도 뚫을 수 있다는 말로 미력한 존재라 할지라도 뜻을 품고 정진하면 언젠가 성공할 수 있다는 뜻이다.

누구나 하고 싶은 일이 있고 이루고 싶은 꿈이 있게 마련이다. 하지만 이루고 싶거나 하고 싶은 일이 있더라도 중요한 사실은 그 염원이 얼마나 간절한가에 따라 결과가 달라진다는 것이다.

간절하게 원한다는 것은 이루고자 하는 강한 신념을 의미한다. 신념이란 본인이 원하는 것을 반드시 이루기 위해 최선을 다하겠다는 자신과의 약속이다.

그런데 자기에 대한 약속을 지키지도 못하는 사람이 어떻게 성공하기를 바라는가?

소원을 성취하기 위해서는 투자를 아끼지 말아야 한다. 세계적인 운동선수가 되겠다는 사람은 그 목표를 이루기 위해 피나는 체력단련과 연습을 해야만 한다. 연습도 없이 훌륭한 선수가 되겠다고 하는 것은 꿈이 아니라 헛된 욕심이다.

돈을 많이 벌고 싶은 사람은 일단 근면하고 성실하게 일하면서 열심히 돈을 모아야 한다. 쓸 것 다 쓰고 낭비하면서 돈을 모으겠다는 것은 잘못된 생각이다.

소원을 이루겠다는 강한 신념이 있는 사람은 실패에 연연하지 말고 꾸준하게 자신의 목표를 향해서 정진하라! 소원이 크면 클수록 실패할 확률이 크고 부딪치는 장벽도 높다. 실패했을 때 의연하게 일어날 수 있는 용기와 패기가 필요하다.

지금까지 성공한 주변의 사람들을 보라!

성공한 사람들을 보면 대부분 성공을 이루기까지 수많은 좌절을 맛보았지만 실패에 굴하지 않고 다시 일어난 사람들이다. 그런데 많은 사람들이 성공을 위해서 노력하는 과정 속에서 어려운 상황을 맞이하게 되면 쉽게 좌절해 버리곤 한다. 성공이 쉽고, 위기와 난관이 과정 속에 없다면 누구나 쉽게 성공할 수 있을 것이다. 성공한 사람의 숫자가 적은 이유는 바로 성공으로 가는 길이 어렵고 험한 길이라는 것을 반증하는 것이다.

좌절하지 않고 다시 일어나 목표를 향해 꾸준하게 전진하는 사람만이 성공할 수 있다. 성공한 사람이 명예와 부를 손에 거머쥐면서 인생을 살아갈 수 있는 이유는 그들이 험난한 어려움을 이겨내고 성공의 길에서 우뚝 선 사람들이기 때문이다.

소원이 클수록 성취할 수 있는 기간은 길어진다. 하룻밤 사이에 모든 꿈을 이루고 싶어 한다면, 그 사람의 생각이 잘못된 것이다.

최근 56호 홈런으로 아시아 신기록을 달성한 이승엽 선수에 대해 일본의 왕정치는 '영웅'이라 추켜세웠다. 39년간 이어져 오던 아시아 최다 홈런 기록을 깼기 때문이다. 아시아 야구사를 빛낸 이승엽 선수는 "혼신의 노력은 결코 배반당하지 않는다. 평범한 노력은 노력이 아니다."는 유명한 말을 남겼다. 이승엽 선수가 아시아 신기록을 세우기까지 그는 매년 자신의 홈런 기록을 업그레이드 하기 위해 다른 선수들 이상의 많은 노력을 기울여왔다.

대나무는 씨앗을 심어도 그 대순이 바로 나오지 않는다고 한다. 1년이 지나고 2년이 되어도 싹조차 보이질 않는다. 그래도 농부는 계속 대나무 밭을 열심히 가꾼다고 한다. 5년여가 지나야 비로소 대순이 돋기 시작한다고 한다. 그리고 대순이 돋은 후 한 달 반 정도가 지나면 3미터에 가까울 정도로 부쩍 자란다고 한다. 이승엽 선수가 세운 아시아 신기록은 대나무가 자라는 모습과 비슷하다.

이렇게 자란 대나무를 두고 한 달 반 만에 자란 것이라고 얘기할 수 있는가? 5년이 넘는 긴 시간이 대순을 돋아나게 하는데 필요한 최소의 시간이라는 사실을 깨닫고 나면, 우리는 겸손하게 지구력을 가지고 성공을 향해 꾸준하게 달려갈 수 있을 것이다. 이루고자 하는 것을 얼마나 간절하게 원하고 있으며 달성하기 위해서 노력하고 있느냐를 가슴에 손을 얹고 반성할 필요가 있다. 진심으로 간절하게 원하면 무엇이든 얻을 수 있다.

*✳성공을 위한 명상노트 - 정진

||||| 정진하면 안 되는 일이 없다. 이것은 마치 작은 물이 바위를 뚫는 것과 같다. -유교
정

||||| 준마(駿馬)는 하루에 천리를 달리지만, 노마(駑馬)는 열흘을 계속 달리면 따라 갈
수 있다. -순자

||||| 지금 곧 간단한 노력으로 할 수 있는 일부터 시작하여 일단 성취감을 맛보아두면, 뒤
에 어떤 난관이 닥치더라도 그것을 돌파할 용기가 솟는 법이다. 노력을 한다는 것은
그런 것인 것이다. -다케우치 히토시

||||| 아무리 높다 하더라도 인간이 도달할 수 없는 곳은 없다. 믿음과 자신감, 근면을 가
지고 이를 행하지 않으면 안 된다. 갈 길이 멀다고만 하지 말자. 목표가 너무 높다고
만 하지 말자. 노력으로 한발 한발 다가가자. 근면으로 차근차근 올라가자. 자신감을
가지고 조금씩 성취해 나가자. -안데르손

||||| 어려움에 처했을 때 어떻게 하면 구제 받을 수 있을까. 첫째는 선한 희망을 잃지 않
아야 한다. 둘째는 노력을 멈추지 않아야 한다. 항상 선한 희망을 잃지 않고 노력을
계속하는 한 최후에는 반드시 구제된다. 그러한 확신과 믿음이 필요하다. -괴테

9 잊기 위해 메모한다

메모는 성공하는 사람들의 좋은 습관 중 하나다. 상대방의 말을 경청할 때나 길을 지나칠 때 스쳐지나 가는 생각을 메모하거나, 무엇인가를 보고 있다가 별안간 생각나는 것을 잘 메모해 두는 습관은 성공의 밑거름이 된다.

'메모는 돈이다' 라고 주장하는 사람도 있을 정도로 메모하는 습관은 성공하는데 필수 요소다. 현대인들은 정보의 홍수 속에서 살아가고 있고, 때로는 지나치게 많은 정보를 대하고 있다. 접한 정보를 모두 기억할 필요는 없지만, 꼭 필요한 정보는 그때그때 메모해 잘 보관해 두면 커다란 힘이 될 수 있다.

하지만 의외로 많은 사람들이 메모하는 습관을 가지고 있지 않다. 누구든 기가 막히는 아이디어가 떠올랐다가도 시간이 지나고 나면 기억이 가물가물해 애먹었던 경우를 한 번쯤 경험했을 것이다. 그리고는

'다음에는 꼭 메모해야지' 라는 결심을 하면서도 또 실행에 옮기지 못하곤 한다.

'기록하고 잊어라' 라는 말이 있다.

이 말은 자기의 뇌를 다른 부분에 더 많이 쓸 수 있도록 필요한 정보나 중요한 일은 메모하고, 일단 메모한 일은 잊는 것이 더 효율적이라는 의미다. 모든 것을 머리로 기억하려고 하면 실수를 하게 된다. 작은 것이라도 메모하는 습관이 성공의 비결이다.

메모를 잘 하는 방법은 늘 메모장과 필기도구를 휴대하고, 정보를 얻거나 아이디어가 떠오를 때마다 즉시 메모하는 것이다. 이 얼마나 간단한 일인가!

필자도 직장생활을 시작한 1977년부터 지금까지 늘 가방이나 주머니 속에 메모장을 넣고 다니고 있다. 요즘에는 항상 가방을 들고 다니기 때문에 가방 안에 메모장과 일정표 그리고 필기도구를 겸비하고 있다. 혹시 모를 사람들과의 미팅, 중요한 전화 내용을 정리하기 위해서다.

메모를 하고 난 후에는 확인할 사항이 있으면 즉시 메모장을 보면서 재확인하곤 한다. 실수를 줄이기 위해서다.

주변 사람들을 보면 의외로 메모장과 필기도구를 몸에 지니지 않고 다니는 사람이 많다. 그래서 사람들은 대화를 나눌 때나 정보를 얻었을 때 궁여지책(窮餘之策)으로 외우려고 노력하거나 급히 주변에서 메모장을 얻으려 애쓰는 어려운 상황을 스스로 자처한다. 필자가 경영

컨설팅이나 방송 관계로 많은 사람을 만나서 느끼는 점은 성공한 사람들 중 대부분은 상대방과 대화를 나눌 때 열심히 메모하는 습관을 지니고 있더라는 것이다.

상사와 부하직원들 사이, 마케팅 전문가와 고객 사이에서도 마찬가지다. 상사가 지시할 때 열심히 메모하는 부하직원과 그렇지 않은 직원을 앞에 두고 있을 때 여러분이라면 누가 더 믿음직스럽겠는가? 당연히 열심히 메모하는 직원이 실수할 확률을 줄일 수 있지 않을까? 상사에게 보고할 때도 듣고 있던 상사가 무엇인가 열심히 적어가면서 부하의 보고를 받는 경우와 그렇지 않은 경우를 생각해 봐도 결과는 마찬가지다. 하물며 고객과의 대화에서 메모하는 습관과 태도는 상대에게 더 큰 믿음을 줄 수 있지 않을까?

메모는 사업이나 인생에서 성공의 씨를 뿌리는 것과 같다. 여러분 중에 메모하는 습관이 없는 사람이 있다면, 지금 당장 메모장과 필기도구를 자기 주변에 챙겨 놓고 성공을 위한 첫걸음을 시작하기 바란다.

메모는 왜 하는가? 잊지 않기 위해 할까? 그렇지 않으면 잊기 위해 할까? 아이러니컬하게 들릴지 모르겠으나 메모는 잊기 위해 하는 것이다. 메모한 것은 잊어버리고 다른 일에 충실할 수 있기 때문이다.

그렇다면 메모를 통해 자신의 능력을 향상할 수 있는 방법은 무엇일까?

첫째, 메모하는 습관을 길러라. 한번 메모하기 시작하면 습관적으로 하게 된다. 매우 좋은 습관이다. 메모하는 습관을 기르기 위해서는 먼저 '해야 할 일'의 리스트를 작성하는 것에서 시작하는 것이 효과적이다. 주말에 조용히 앉아서 다음 주에 해야 할 일을 하나하나 작성하는 것부터 시작해 보라. 주말에 작성해 놓은 일들 중에서 해결한 일과 해결하지 못한 일들을 중심으로 다음 주말에 다시 작성하고 그것이 반복되면 메모하는 습관을 기를 수 있을 것이다. 결과적으로 메모는 효율적인 한 주일을 보낼 수 있게 해준다.

메모했던 일들을 하나하나 끝맺으면 메모를 지워가면서 성취감을 느낄 수 있다. 메모 없이 즉흥적으로 일을 처리하는 것과는 전혀 다른 기분을 느낄 수 있다. 메모한 일이 끝이 나면 다시 한번 읽어보면서 활용할 것이 없는지 점검해 보는 것도 중요하다.

둘째, 메모할 수 있는 환경을 조성하라. 24시간 언제 어디서나 메모할 수 있도록 환경을 정비하라.

메모장과 필기도구는 기본이고 이동 중이어서 메모를 할 수 없을 때를 대비해 휴대용 녹음기를 준비해도 좋다. 메모할 준비가 되어 있지 않으면 메모를 하고 싶어도 할 수가 없기 때문에 중요한 순간을 놓치기 쉽다.

셋째, 회의 시작 전이나 고객을 만나기 전에 의논할 사항을 늘 메모하라. 정해진 시간에 어떤 이야기를 어떻게 하느냐에 따라 효율성도 달라지고 빠뜨리는 것이 없는 깔끔한 미팅이 될 것이다.

넷째, 자신만의 기호와 암호를 정하라. 짧은 시간 내에 많은 정보를 쓰기 어려운 경우가 의외로 많다. 자신만이 알아볼 수 있는 기호나 암호로 간단하게 표기할 수 있도록 노력하는 것이 좋다.

다섯째, 따로 시간을 쪼개서 메모를 정리하라. 하루의 메모를 저녁에 점검하거나 일주일 간의 메모를 주말에 정리하는 것은 전체 일정을 한눈에 정리할 수 있으면서 다음을 준비하는 계기가 될 수 있다.

여섯째, 메모를 데이터베이스로 구축하라. 지난 메모 중에서 향후에 도움이 될 만한 자료들은 따로 모아서 주제별 또는 고객별로 데이터베이스화 하는 것은 미래의 새로운 사업 아이템을 찾거나 고객을 관리할 때 매우 유용한 자료가 될 수 있다.

마지막으로 메모를 재활용하라. 데이터베이스로 구축한 메모를 앞서 언급한 대로 꺼내어 새로운 고객을 대할 때나 유사한 상황이 발생했을 때 활용하라. 혹시 실수한 것이 있으면 똑같은 실수를 번복하지 않도록 재활용하고 성과가 있던 내용은 장점으로 살릴 필요가 있다. 과거의 실수에 대한 자료는 활용해서 유사한 실수가 되풀이되지 않을 때 그 빛을 발하는 것이다.

위에 열거한 요령들은 누구나 마음만 먹으면 할 수 있다. 중요한 것은 메모를 사전적 의미로 이해하는 것보다 습관으로 만드는 일이다.

✳ 성공을 위한 명상노트 – 메모

▥ 나는 좋은 생각이 머리에 떠오를 때는 언제나 메모를 해둔다. 목표 달성을 위하여 매우 중요한 일이다. 당신은 적극적인 생각이 떠오를 때마다 그것을 즉시 기록해 둘 수 있도록 항상 종이를 준비해 두라. 좋은 생각이 떠올라 종이에 기록할 때는 언제나 '지금 바로 그것을 시도하자' 라고 기록하라. 당신의 생각을 누군가가 시도하기 전에 당신이 먼저 시도하라. 그러면 당신은 남들로부터 비범한 사람이라 불릴 것이다.
　－로버트 H. 슐러

▥ 느닷없이 떠오르는 생각이 가장 귀중한 것이며, 보관해야할 가치가 있는 것이다. 메모하는 습관을 갖자. －베이컨

▥ 아이디어란 자칫하면 사라져 버리는 그런 무상한 것이므로, 그것을 어디에든지 어떤 형태로든지 정착해 두도록 해야 한다. 더 좋은 아이디어를 생각해 내기 위해 메모는 없어서는 아니될 수단이다. －다케우치 히토시

▥ 메모하지 않고도 외울 수 있는 아이디어는 대단한 아이디어가 아니다. 휘갈겨 쓴 글은 환청과 마찬가지로, 위대한 아이디어의 산실이 될 수 있다. 위대한 아이디어는 깨끗한 메모가 아닌 휘갈겨 쓴 지저분한 메모로부터 생기는 것이다.
　－나카타니 아키히로

10 다음 기회는 2등의 특권

   '최고가 되기보다는 최선을 다하는 사람이 되자' 라는 말이 있지만, 사실 나는 최고가 되는 것이 더 좋다. 같은 노력을 하고 기왕이면 최고의 자리에 오르는 것이 좋지 않은가?

   사람이 생각한대로 모든 것을 이루며 살 수는 없지만, 최고가 되면 자신의 이상을 펼칠 수 있는 기회가 많기 생기기 때문이다.

   기업경영에 대해 흔히들 '열 명의 부사장이 한 명의 사장을 이기지 못한다' 라는 말을 한다. 사실이다. 실제로 CEO 단 한사람의 경영 전략과 방침에 따라 기업의 흥망성쇠가 좌우되는 경우가 많다.

   그것이 최고 의사 결정자의 권한이며 멋이다. 하지만 사회 각 분야에서 최고의 자리는 하나뿐이다.

   스포츠에서도 늘 금메달이나 우승을 차지하기 위해서 모든 선수들이 최선을 다하지만 우승하는 것이 어렵기 때문에 우승한 사람에게 경의를 표하고 축하를 하는 것이다.

하지만 준우승이나 2등을 한 선수나 팀일지라도 실망하기보다는 최고에 가까이 갔다는 자부심을 잃어서는 안 된다. 다음에는 우승도 할 수 있다는 가능성에 기뻐하면서 더 많은 노력을 아끼지 말아야한다. 2등이기 때문에 1등을 목표로 삼을 수 있는 기회가 아직 남아있는 것 아니겠는가?

많은 사람들은 최고가 되지 못한 것을 실망하고 최고를 위한 노력을 중도에 포기하곤 한다. 등산의 묘미는 정상을 정복하는 그 기분이다. 그러나 몸이 불편하거나 체력이 약하지만 꾸준하게 정상에 오르다가 중도에 머문 사람들에게 경의를 표하는 것은 똑같은 조건이 아닌데도 불구하고 최선을 다했기 때문이다. 최선을 다하는 사람은 그 나름대로 존경받을 만한 가치가 있다는 것을 우리는 잘 알고 있다.

최고보다 더 중요한 것은 진정으로 최선을 다했느냐 하는 것이다. 인생을 살면서 늘 최선을 다한다는 것이 그리 쉬운 일이 아니다. 그렇기 때문에 최선을 다했느냐는 질문에 많은 사람들이 머뭇거릴 수밖에 없는 것이다.

얼핏 보면 최선을 다한 것 같지만 실제로는 그렇지 못한 경우가 많기 때문에 우리는 진정으로 최선을 다한 사람을 보면 저절로 고개를 숙이게 된다. 결국 우리는 으뜸과 버금을 따지기 전에 늘 최선을 다하고 있느냐를 되돌아봐야 한다. 진정으로 최선을 다하고 있는 사람에게는 반드시 으뜸이 될 기회가 따르게 마련이다.

최선을 다하지도 않고 운명만 탓하는 사람들이 많다.

정말로 죽을 각오로 최선을 다했는지는 본인이 가장 잘 알고 있다. 그렇기 때문에 더욱더 자신에게 늘 '과연 최선을 다했는가?' 를 자문해야 한다. 부분적으로 성공했다 하더라도 스스로 '최선을 다했는가?' 에 대해 겸손하게 자문하는 사람이 진짜 성공을 얻을 수 있다.

성공하는 사람은 하늘을 탓하기보다는 늘 자신의 부족함을 인식하고 겸손하게 다시 시작하는 사람이다. 늘 노력하는 사람이 성공할 수 있다. 과거 우리사회에는 옳지 않은 방법으로 성공한 사람들이 있었다. 투명하지 못한 사회였기 때문이다. 그러나 21세기는 보다 투명한 사회로 나아가고 있다. 그렇기 때문에 성실하게 살아가기 위한 바른 길을 택해야 한다. 그래야 21세기형 성공 리더가 될 수 있다. 늘 최선을 다하는 마음으로 '성공이라는 다음' 을 향해 하루하루를 살면 반드시 자기 분야에서 최고가 될 수 있다.

*❋성공을 위한 명상노트 - 최선

|||| 미국 담배 '럭키 스트라이크'와 '카멜'의 판매 경쟁을 보면 재미있는 생존법칙을 발견할 수 있다. 지금이야 담배갑에 셀로판지 포장을 하는 것이 일반화되었지만 그 시작은 카멜 담배였다. '카멜'은 미국의 민영 담배회사로, '럭키 스트라이크'와 항상 1, 2위를 다투던 라이벌 사이.
어떻게든 1위 자리를 차지하고 싶었던 '카멜'은 셀로판지 포장이라는 새로운 아이디어를 개발하기에 이르렀다. '셀로판으로 싸면 담배가 눅눅해지지 않는다'는 것이 아이디어의 핵심이었다. 그리고 이 점을 우위로 대대적 홍보에 나섰던 카멜 "이만하면 럭키도 그 누구도 따라오지 못할 거야!" 하며 쾌재를 불렀다.
하지만 예상은 달랐다. 의외로 판매실적이 오르지 않았던 것이다. 카멜이 실의에 빠져 있을 때 재빠르게 선수를 친 것은 '럭키 스트라이크'였다. 럭키는 재빨리 같은 셀로판 포장 위에 가늘고 빨간 테이프를 붙여서 테이프만 당기면 한번에 포장이 뜯어지게 한 신제품을 내어 놓았다. 그리고 결과는 럭키의 승리였다.

|||| 인생이란 숭고한 바다다. 우리는 그 바다를 헤엄쳐 가는 형제들이다. 그 중 누가 난파해서 절망 속에 신음할지라도 그 발자취를 보고 오히려 용기를 가져라. 어서 모두 일어나 다 같이 일하자. 어떠한 운명에도 과감하게 맞서서 끝까지 성취하고 한없이 탐구하여 최선을 다한 뒤 기다리자. ―롱펠로우

|||| 비록 산의 정상에 이르지 못했다 하더라도 그 도전은 얼마나 대견한 일인가. 중도에서 넘어진다 해도 성실히 노력하는 사람들을 존경하자. 자신에게 내재한 힘을 최대한 끊임없이 도전하는 사람. 큰 목표를 설정해 놓고 부단히 노력하는 사람은 인생의 진정한 승리자인 것이다. ―L.A. 세네카

11 약속을 지키는 것은 습관, 약속을 지키지 않는 것도 습관!

    필자는 '성실한 사람은 반드시 약속을 잘 지킨다' 고 믿는다. 지킬 수 없는 약속은 애초에 하지 말고, 약속을 했으면 반드시 지켜야만 성공할 수 있다.

    인생을 살면서, 사업을 하면서 우리는 늘 약속의 굴레 속에서 살아간다. 거래처와의 약속, 친구들과의 약속, 가족들과의 약속 등 삶이 곧 약속의 연속이다.

    약속을 지키는 것은 습관이며, 약속을 자주 어기는 것 또한 습관이다. 약속을 잘 지키는 습관을 기르기 위해서는 약속을 반드시 기록해야 한다. 식사 중에 또는 취중에 한 말을 그대로 흘려보내서는 안 된다. 그래서 약속을 지키는 습관과 메모 습관은 늘 상호보완적이다. 약속을 지키는 사람이 되고 싶다면, 자기 곁에 늘 수첩과 필기도구를 갖춰놔야 한다. 머리로 기억하는 것은 한계가 있고 잊기 쉽다. 메모를 한 후에는 상대방에게 재확인하는 습관도 대단히 중요하다. 상대방이 잊고 있을 수도 있고 본인이 착각을 할 수도 있기 때문이다.

약속 중에서 가장 중요한 약속은 시간 약속이다.

사회생활을 하면서 거래처와의 시간 약속을 지키는 것은 신용을 쌓는데 참으로 중요하다. 거래처와의 시간 약속은 철칙으로 지켜야 한다. 거래처와의 약속은 거래관계의 지속 여부와도 밀접한 관계가 있기 때문이다.

약속을 했으면 약속 장소에 미리 가는 습관도 길러야 한다. 우리나라는 도로사정이 좋지 않기 때문에 약속 장소로 가는데 걸리는 시간을 예측하기가 어렵다. 따라서 30분 정도 미리 도착한다는 자세로 움직이는 것이 좋다.

미리 도착해서 무엇을 하느냐는 전혀 걱정할 일이 아니다. 기다리는 동안 가방 속에 넣고 다니는 각종 읽을거리를 꺼내서 읽고 있으면 된다. 이런 상황을 두고 일석이조라 한다. 공부해서 좋고 먼저 도착해서 상대방에게 좋은 인상과 신용을 얻을 수 있어서 더 좋다. 약속시간 전에 미리 기다리면서 차분하게 책을 읽거나 미팅 내용을 정리하는 사람은 반드시 사업에 성공할 것이다.

사업상 미팅을 했거나 약속으로 사람을 만난 후에는 반드시 다시 연락을 하는 습관을 들여라. 잘 들어갔는지, 지난 미팅에서 불편한 점은 없었는지, 미팅 중 합의한 사항을 기억하고 있는지를 확인하는 절차는 매우 중요하다. 이러한 사후 관리(Follow Up) 습관은 여러분의 성공 경쟁력을 높여줄 것이다.

　약속을 잘 지키는 습관은 성실한 마음을 가지고 있어야만 가능하다. 결국 성실한 마음이 좋은 습관을 만들고 좋은 습관이 우리를 성공의 길로 이끄는 것이다. 지키지 못할 약속은 하지 말고, 이미 약속을 했더라도 지키지 못할 것 같으면 가급적 빨리 상대방에게 양해를 구해야 신용을 얻을 수 있다.

✳성공을 위한 명상노트 − 약속

▥ 아무리 보잘것없는 것이라 하더라도 한번 약속한 일은 상대방이 감탄할 정도로 정확하게 지켜야 한다. 신용과 체면도 중요하지만 약속을 어기면 그만큼 서로의 믿음이 약해진다. 그러므로 약속은 꼭 지켜야 한다. −카네기

▥ 아이에게 무언가 약속하면, 반드시 지켜라. 지키지 않으면, 당신은 아이에게 거짓말하는 것을 가르치는 것이 된다. −탈무드

▥ 자신의 약속을 더 철저하게 지킬수록 우리는 더 강해진다. 다른 사람에게 영향을 미치고 싶다면 우리가 먼저 우리 자신을 믿어야 한다. 그리고 자신을 믿기 위해서는 자기가 한 말을 믿고, 또 말한 대로 행동해야 한다. −앤드류 매튜스

12 '현재'라는 소중한 보물

미국의 강철왕 앤드류 카네기는 '시간은 돈보다 귀중하다' 라는 의미의 다음과 같은 유명한 명언을 남겼다.

"사람들은 너나없이 보물을 찾기 위해 혈안이 돼있다. 어디에서 노다지나 캐지 않을까 눈을 번뜩이고 있는 것이다. 그러나 보물은 딴 데 있는 것이 아니다. '현재' 가 가장 소중한 보물이다. 자기에게 주어진 인생의 시간을 어떻게 사용했는가에 따라 자신의 장래가 결정된다. 만약 하루를 허송세월로 보냈다면 하루의 보물을 잃은 것이며, 하루를 값지게 보낸 사람은 하루의 보물을 캐낸 사람이다."

우리에게 주어지는 시간은 누구에게나 공평하게 하루 24시간이다.
중요한 것은 주어진 24시간을 어떻게 활용하느냐는 것이다. 하루 24시간을 잘 쪼개서 활용하는 사람은 하루를 허비하는 사람에 비해서 성공할 확률이 높다.

철학자 쇼펜하우어는 "보통 사람은 시간을 소비하는데 마음을 쓰고, 재능 있는 사람은 시간을 잘 이용하는데 마음을 쓴다."라고 했다. 맞는 명언이다.

성공하는 사람은 시간을 잘 관리하고 활용하는 사람이다.

하루 24시간이 모여서 일주일이 되고 4주가 모여 한 달이 되며 12개월이 1년이 되고 세월이 흘러 인생이 된다. 따라서 우리는 인생의 가장 기본적인 단위인 하루를 알차게 보내야 한다. 하루하루를 성실하고 계획적으로 사는 사람은 성공의 계단을 하나하나 걸어서 올라가는 사람이다. 보통 사람들은 성공한 사람을 대할 때 어느 날 갑자기 행운이 찾아 온 것으로 여기곤 한다. 하지만 그것은 착각이다.

시간은 누구나 충분히 관리할 수 있다. 하지만 잘 관리하는 사람이 성공한다.

기업경영은 직원의 총체적인 시간을 어떻게 효율적이고 체계적으로 관리하느냐에 따라 흥망성쇠가 결정된다. 즉 시간관리를 잘해야 생산성이 증대되고 이윤의 극대화를 이룰 수 있다. 강철왕 카네기는 그에게 주어진 그리고 그의 직원들에게 주어진 시간과의 싸움에서 이겼기 때문에 성공한 것이다.

개인도 마찬가지다. 주어진 시간을 효율적으로 관리하느냐에 따라 성공하기도 하고 실패할 수도 있다.

시간관리를 잘하고 싶은 사람들에게 다음과 같은 몇 가지 시간 관리 방법을 제안한다.

첫째, 인생의 커다란 장기적인 목표를 정하라. 10년 단위로 자기의 미래를 설계하라. 물론 정해진 목표는 상황에 따라 조금씩 변할 수 있다.

둘째, 1년 단위로 자신의 할 일과 달성전략을 나눠보라. 10년 단위를 1년 단위로 나누게 되면 중기적인 목표가 수립되고 그에 따른 달성전략과 해야 할 일이 도출된다.

셋째, 한 달 단위로 목표를 정하고 해야 할 일을 정하라. 월간 일정과 해야 할 일이 도출될 것이다.

넷째, 매주 일요일 저녁에 1주 단위로 자신의 할 일을 정리하고 실행계획을 세워라.

다섯째, 하루의 일정을 매일 아침에 재점검하라.

위에 열거한 방법으로 전체적인 일정을 정하고 달성 부분을 점검하면서 또 다른 다음 일정을 정하면 시간을 효율적으로 관리할 수 있다.

위에 열거한 방법으로 시간관리를 할 때 늘 염두에 두었으면 하는 점이 몇 가지 있다.

첫째, 매일 아침 이른 시간을 잘 활용하라. 아침의 방해받지 않는 1시간이 일과 중의 3시간 이상의 효과가 있기 때문이다. 예를 들어 9시에 일과를 시작하는 사람이라면 8시나 7시에 하루를 시작하라. 성공하는 많은 사람들은 '일찍 일어나는 새들(Early Birds)'이다.

둘째, 약속은 미리 하라. 약속을 미리 하면 효율적으로 자신의 시간을 관리할 수 있다. 남에게 끌려 다니지 않고 자신이 시간을 관리해야 한다.

셋째, 인터넷과 디지털 혁명시대에 맞는 효율적인 도구를 활용해 시간을 아끼고 관리하라.

현재라는 소중한 보물은 하루의 일과를 얼마나 소중한 일로 채우는가에 달려있다. 소중한 우선 순위로 업무를 관리하라.

*✳성공을 위한 명상노트 - 시간관리

‖‖ 하루 15분 정도의 알찬 활용이 삶의 명암을 갈라놓는다. -사무엘 스마일즈

‖‖ 한가한 때 헛되이 세월을 보내지 않으면 다음날 바쁠 때 쓰임이 있게 되고, 고요한 때에도 쉼이 없다면 다음날 활동할 때 도움이 되느니라. 남이 안 보는 곳에서도 속이거나 숨기지 않으면 여럿이 있는 곳에 나갔을 때 떳떳이 행동할 수 있느니라. -채근담

‖‖ 천 명 중의 한 사람만이 현재를 진실하게 사는 길을 안다. 나머지 대부분의 사람들은 한 시간의 59분을 과거사 때문에 낭비한다. 그들은 잃어버린 즐거움에 대한 후회나 잘못에 대한 창피감, 혹은 미래의 꿈이나 공포 때문에 아까운 시간을 흘려보낸다. 그렇지만 과거는 이미 지나가 버린 것이다.
그리고 미래에 막연한 생각은 시간을 잃는 것이다. 사람들은 단 한 번 이 세상에 있다가 간다. 이 순간에도 세상은 사람들 자신에게 무엇인가를 요구한다.
지금 바로 이 순간은 매우 중요하며 삶의 진정한 길은 순간순간을 낭비하지 않는 것이다. 오늘은 기적이고 그리고 이 날은 되풀이되지 않음을 명심해 살아야 한다.
– S. 제임스

‖‖ 전력을 다해서 시간에 대항하라. -톨스토이

‖‖ 시간이야말로 가장 유니크하고 부족한 자원, 이것을 유효하게 관리하지 않으면 그 밖의 아무 것도 관리하지 못한다. -드래커

‖‖ 시간은 모든 것의 불가사의한 원자재이다. 그것이 있으면 모든 것이 가능하고, 그것이 없으면 모든 것이 불가능하다. 사람들은 누구나 하루 24시간이라는 시간을 공급받는다. 시간의 왕국에서는 천재라고 해서 하루에 단 한 시간이라도 더 받을 수도 없고 바보라고 해서 덜 받는 것은 아니다.
또한 미래의 시간도 앞당길 수는 없다. 시간을 빌려 쓰는 일은 불가능하다. 단지 지나가는 시간만을 쓸 수 있을 뿐이다. 내일을 낭비할 수 없으며 그것은 내일까지 그대로 저장된다.
사람은 누구나 하루 24시간으로 살아야 한다. 이 안에서 건강과 즐거움, 보람, 업무, 만족, 존경을 이룩해야 한다. 이것을 가장 효과적으로 이용하는 일이 가장 시급하며 그 모든 것이 그 안에 달려 있다. 행복과 성공은 모두 그것에 달려 있는 것이다. -노만 V. 필

[우선 순위에 의한 일일 업무일지]

우선순위			업무형태					오늘의 일과
1	2	3	a	b	c	d	e	
								AM
								7
								8
								9
								10
								11
								12
								1
								2
								3
								4
								5
								6
								7
								8
								PM

※ 범례
▶ 우선순위 : 1,2,3으로 순서를 구분   ▶ 업무형태 : a(진행中), b(위임), c(켄슬), d(딜레이), e(완료)

13
목표는 Dreaming이 아니라, Vision

　누구나 자기 미래에 대해 꿈꾼다. 꿈꾸는 것은 자유다. 그러나 꿈을 실현시키는 사람이 많지 않은 것이 문제다. 꿈이 너무 현실과 동떨어져 있거나 꿈만 꾸고는 노력을 하지 않기 때문이다.

　필자가 말하는 꿈은 영어로 Dreaming이 아니라 Vision이다. 꿈은 현실성이 결여된 것인 반면 비전은 자신의 역량을 감안해서 성공적인 미래를 설계하는 것이다.

　"행복해지고 싶으면, 목표를 세우고 그 목표를 달성하기 위해 열정적이고 저돌적으로 달려 나가야 한다. 생활에 안주하는 것이 행복이 아니라, 생활에 희망을 주는 것이 행복이다. 행복은 자기 내부에 있다. 이것을 끌어내는 데는 자기의 생각과 저력을 전부 쏟을 수 있는 목표를 세워 실행하는 것이다."

인간관계론의 대가, 데일 카네기의 말이다. '자신의 생각과 저력을 전부 쏟을 수 있는 목표'가 바로 Vision이다.

산을 좋아하는 사람은 히말라야 등반을 목표로 삼을 수 있다. 가장 높은 곳을 목표로 설정한 사람은 최선을 다하다가 그곳에 도달치는 못하더라도 그 근처까지는 갈 수 있다. 그러나 애초부터 낮은 곳을 목표로 잡는 사람은 그 이상을 가기가 쉽지가 않은 것과 같은 이치다.

Vision으로 가시화할 수 있는 것만이 인생의 진정한 목표다. 목표는 되도록 빨리 정하는 것이 좋다. 인생의 목표는 살아가면서 여러 차례 수정될 수 있기 때문이다.

개인의 인생목표(Vision)를 잡을 때는 자신의 취미, 능력, 강점, 약점, 단점, 장점 등을 잘 고려하고 자신의 위치에서 최선의 목표를 세워야 한다.

20대에 들어서면 어려서부터 지녀왔던 자신의 꿈이 단순한 Dream인지 아니면 Vision인지를 점검해 보고 1차 인생목표를 잡아 봄직하다. 30대, 40대, 50대, 60대의 자기 모습이 어땠으면 좋겠는가를 그려 보는 것이다. 자신이 그린 목표가 지나치게 현실성이 없다면 수정해야 한다. 10년을 주기로 자신을 점검하고 자신의 목표를 수정하는 것도 유익하다. 30대에 들어서면서 20대에 그렸던 목표의 진척사항을 점검, 반성해 보고 수정된 30대, 40대, 50대, 60대의 목표를 다시 정해야 한다. 상황은 늘 변하기 때문이다.

목표를 세우면 전략을 세워야 한다. 목표 그 자체로 목표에 도달할 수 있는 것은 아니다. 전략은 목표를 달성하기 위한 중요한 방법론이다. 전략 없는 목표는 공염불이 될 가능성이 높다. 전략 수립 후에 가장 중요한 것은 하나하나 실천할 계획을 세우고 실행에 옮기는 것이다.

히말라야를 등정하겠다는 목표를 세웠으면 목표달성을 위해서 매일 적절한 운동과 등반 연습을 해야 한다. 필요한 비용을 충당하기 위한 노력을 해야 하고, 히말라야 주변 여건과 환경에 대해 연구해야 한다. 그런데 많은 사람들이 목표와 전략은 세우지만 실천하지 못해 실패하곤 한다. 매일매일 할 일을 정하고 정한 일을 실천해 나갈 때 목표에 도달할 수 있다.

매일 자신이 해야 할 일을 정하고 이를 점검해 나가는 습관은 매우 중요하다. '천리 길도 한 걸음부터' 라는 옛말은 변치 않는 진리다. 앞으로 나아가는 행동 없이는 목표를 달성할 수 없다.

실천하는 사람은 성공할 가능성이 가장 높다. 목표를 세웠으면 실천하라. 그러면 어느새 성공과 가까워진 자신을 발견하게 될 것이다.

*✳성공을 위한 명상노트 – 실천

〰 큰 목표일수록 잘게 썰어라. −디오도어 루빈

〰 우리가 어떤 목표 없이 인생을 허송세월 한다면 그 일생은 물론 단 하루라도 인생의
존귀한 것도 모르고 말 것이다. 인생이란 설명보다도 성실히 사는 사람에게는 저절로
터득되는 것이다.
먼저 아침 식사 때에 조용히 감사하며, 자신의 성실을 자각할 수 있어야 한다. 인생은
흘러가는 것이 아니고, 성실로써 내용을 이루어 가고 있는 것이다. 인생은 하루하루
를 보내는 것이 아니고, 하루하루를 내가 가진 무엇으로 채워가야 하는 것이다.
− J. 러스킨

〰 일을 즐기기 위해서는 자기 자신이 하나의 목표를 향해 어떻게 해서든 전진해 나가고
있다는 것을 알고 있어야 한다. 목적 없이 일하거나, 빙글빙글 원을 그린다거나 진공
상태에 놓여 있다는 느낌은 생산성이라는 면에서 볼 때 금물이다.
그것은 눈가리개를 한 채 일을 잘 해낼 수 없기 때문이다. 중요한 것은 인생의 목적을
갖고 있다는 사실이며, 당신의 에너지와 시간이 당신을 어떤 목표로 이끌어 가고 있
다는 것을 느끼는 것이다. − D. 웨이트리

〰 행동하라. 오늘보다 높은 내일을 위해서 행동하라. 세계의 넓은 들판에서, 인생의 싸
움터에서, 목 매인 송아지처럼 쫓기지 말고 투쟁하는 용사가 되라. 위인의 생애를 돌
아보고 인생을 숭고히 하라. 그리고 그대의 생이 끝나는 날, 시간의 모래 위에 영원한
발자국을 남겨라. − H.W. 롱펠로우

〰 참된 음악가는 음악을 즐기는 사람이고, 참된 정치가는 정치를 즐기는 사람이다. 모
든 즐거움은 힘, 곧 활동을 전제로 한다. 활동이 없는 곳에서는 즐거움이 있을 수 없
다. −아리스토텔레스

〰 유리하다고 교만하지 말고, 불리하다고 비굴하지 말라. 자신이 아는 대로 진실만을
말하며, 듣는 이에게 편안과 기쁨을 주어라. 무엇을 들었다고 쉽게 행동하지 말고, 그
것이 사실인지 깊이 생각하여 이치가 명확할 때 과감히 행동하라. −잡보장경

14 가정 행복과 사회 생활의 성공

예로부터 가정의 화목(和睦)은 성공적인 삶을 살기 위해서 반드시 갖추어야 할 요소로 여겨져 왔다. 가정이 화목하지 않으면 밖에서 하는 일이 제대로 될 리 없다. 가정은 밭이고 사회생활은 그 밭에 뿌려지는 씨앗과 같다고 할 수 있기 때문이다. 아무리 좋은 씨를 뿌려도 밭이 비옥하지 않으면 좋은 열매를 맺을 수가 없다.

하지만 필자는 사회생활에 지나치게 매달려 가정을 소홀하게 하는 사람들을 주변에서 많이 보게 된다. 물론 반드시 많은 시간을 집에서 보내는 것이 가정의 화목을 도모한다고는 볼 수 없다. 다만 적은 시간을 보내더라도 가족을 이해하려고 애쓰고 많은 대화를 나누도록 노력하는 사람이 진정으로 화목한 가정을 가꿀 수 있다는 뜻이다.

지난 해 우리나라에서는 모두 30만 6천여 쌍이 결혼을 하고 이 중

14만 5천여 쌍이 이혼했다고 한다. 50%에 가까운 이혼율을 기록하고 있는 것이다. 이혼율이 미국에 이어 세계 2위다.

이혼의 이유로는 분명 여러 가지가 있을 것이다. 그리고 이혼 당사 자가 쉽게 이혼을 결정한 것은 아닐 것이다. 하지만 필자는 이혼율 증 가의 여러 가지 이유 중 가족의 화목을 위해 노력하지 않는 사회 풍조 도 분명 일조하고 있는 것이라는 생각을 지울 수 없다.

우리가 일에 지쳤을 때, 쉬면서 휴식을 취하고 재충전할 곳은 가정 이다. 그래서 가정의 화목은 성공인의 기본 요소다. 그런데 가정의 화 목을 주도하지 못하는 사람이라면 그만큼 성공적인 삶을 살 가능성은 적어진다.

가정의 화목(和睦)은 상호의 이해와 사랑에서부터 시작된다. 화목 이란 '뜻이 맞고 정다움' 이란 뜻이다. 뜻이 맞고 정다운 가정이 되기 위해서는 서로의 입장을 이해하려는 자세를 지녀야 한다.

많은 사람들이 습관적으로 자신의 입장에서 사물을 보고, 느끼고, 생 각하고, 판단한다. 자신의 입장에서 세상을 보는 것과 상대방의 입장 에서 세상을 보는 것 사이에는 분명한 시각차이가 있다. 때로는 정반 대의 것을 쳐다보는 경우가 생긴다.

내 입장에서 세상을 판단하는 자세를 "I Attitude"라고 하며, 상대방 의 입장에서 세상을 쳐다보는 자세를 "You Attitude" 라고 한다.

성공하는 사람은 자신의 입장에서 세상을 쳐다보기보다는 상대방 의 입장을 한 번 더 고려한다. 상대의 입장을 고려해서 말하고 행동하면 사랑과 존경을 받게 된다. 이는 가정에서도 마찬가지다.

말을 할 때는 '내가 하는 말이나 행동을 상대방이 어떻게 받아들일까'라는 점을 염두에 둬야 한다. 이것이 배려다. 상대방을 배려하는 사람은 말을 할 때도 상대방의 여건과 환경을 고려하기 때문에 실수하거나 상대방의 마음을 상하게 하지 않는다.

필자의 경험에 의하면 가정의 화목을 이루기 위해서는 몇 가지 생각하고 실천해야 할 일들이 있다.

첫째, 상대방을 배려하는 자세다. 앞에서도 언급을 했지만 'You Attitude'를 갖는 자세가 그것이다. 가족이라도 나와는 다를 수 있다. '태어나서 자란 환경과 문화가 같은 형제라도 유전적 성향은 다를 수 있다'라는 생각을 갖고 늘 상대방 입장에서 한 번 더 생각하는 습관을 가져야 한다.

둘째, 가족과의 대화다. 모든 사람들은 그 나름의 생각을 지니고 있다. 대화는 바로 다른 사람의 생각을 들어보고 이해하려고 노력한 후에 자신의 의견을 피력하면서 격차를 좁히는 과정이다. 대화도 나누어 보지 않고 자기기준으로 판단하는 것은 참으로 위험한 일이며 화목 (和睦)을 깨뜨릴 수 있다.

셋째, 가족의 단점보다 장점을 보도록 하라. 가족 구성원들은 내게 없는 장점이나 강점을 지니고 있을 수 있다. 자신이 만능이 아니고 신이 아니기 때문에 자신의 부족한 점을 상대방이 도와 줄 수 있다. 상대방의 강점과 자신의 강점이 합해지면 시너지 효과를 낼 수 있다.

넷째, 만나면 웃으며 인사하는 습관을 들여라. 가족 사이에도 마음의 벽을 허물어야 화목(和睦)을 이루기 쉽다. 우리나라 사람들은 미소 짓고 인사하는데 인색하다. 하지만 마음 벽을 헐기 위해서는 그동안의 관례를 깨고 가족 간에도 미소 짓고 인사해야 한다.

다섯째, 서로의 장점을 칭찬하라. 누구에게나 장점이 있다. 화목한 가정을 만들고 싶다면, 상대방의 장점을 진심으로 칭찬하라. 단점을 꺼내 비난하기보다는 장점을 칭찬하는 것이 가족을 보다 다정스럽게 만든다.

가족들의 진심 어린 지원이 성공에 얼마나 큰 힘이 되는가를 깨달아야 한다. 따라서 가족을 위한 배려, 가족에 대한 애정과 신뢰를 어떻게 확보할 것인가를 진지하게 고민하기 바란다.

*❋성공을 위한 명상노트 - 가화만사성

�〈 가득 채워진 작은 집, 잘 가꾸어진 작은 땅, 뜻대로 해주는 작은 아내, 그것이 큰 재산
    이다. -존 레이

〱〈 가정은 대리석으로 된 방바닥과 금을 박아 넣은 벽이 만드는 것이 아니다. 어느 집이
    든지 사랑이 깃들고 우애가 손님이 되는 그런 집이 행복한 가정이다. -A. 반다이크

〱〈 가정은 행복을 저축하는 곳이지 행복을 캐내는 곳이 아니다. 얻기 위해 이루어진 가
    정은 반드시 무너지고, 주기 위해 이루어진 가정은 행복하게 된다. -우치무라 간조

〱〈 가정을 지키고 잘 다스리는 데에는 두 가지 훈계의 말이 있다.
    첫째, 너그럽고 따뜻한 마음으로 집안을 다스리지 않으면 안 된다. 그리고 정이 골고
    루 미치면 아무도 불평하지 않는다.
    둘째, 낭비를 삼가고 절약해야 한다. 절약하면 식구마다 아쉬움이 없다.
    글을 읽음은 집을 일으키는 근본이요, 이치에 좇음은 집을 보존하는 근본이요, 부지
    런하고 검소함은 집을 다스리는 근본이요, 온화함은 집을 정제하는 근본이다.
    -채근담

〱〈 가정이야말로 고달픈 인생의 안식처요 모든 싸움이 자취를 감추고 사랑이 싹트는 곳
    이요 큰 사람이 작아지고 작은 사람이 커지는 곳이다. 가정은 안심하고 모든 것을 맡
    길 수 있으며, 서로 의지하고 사랑하며 사랑받는 곳이다. - H.G. 웰즈

15 벤자민 프랭클린의 예의

사람은 이성적 동물이면서 만물의 영장이다. 영장인 이유는 사고할 수 있고 상대방을 배려할 수 있는 능력을 지녔기 때문이다. 그런데 세상 사람들 중에는 사고나 행동이 바르지 못한 사람이 생각보다 많다. 세상을 떠나서 혼자 산다고 하면 무슨 상관이 있겠는가? 하지만 우리는 사회적 동물이기 때문에 혼자서 생활할 수가 없다. 특히 사업을 하거나 직장 생활을 하는 사람에게는 주변 사람들과의 관계가 더욱더 중요하다.

사람들과의 관계에서 핵심은 바로 상대방을 배려하는 마음이다. 그것이 올바른 예의와 예절의 시작과 끝이다. 나만 생각하지 않고 상대방에 대한 깊은 배려를 하는 사람이 다른 사람들로부터 존경을 받고 사랑을 받는 것은 당연한 일이다.

어떤 사회든 상하관계가 있고, 이에 따른 예의나 예절이 동반한다.

미국의 정치가이자 계몽사상가였던 벤자민 프랭클린은 예의에 대한 원칙으로 "손윗사람에게 겸손하고, 동등한 사람에게는 예절 바르며, 아랫사람에게는 고결해야 한다."고 말했다. 벤자민 프랭클린이 말한 예의에 대한 원칙은 지금 우리에게도 꼭 필요한 교훈이다. 이런 교훈을 몸소 실천하지 않는 사람은 주변 사람들로부터 쉽게 따돌림을 받게 되고 성공에서 멀어지게 된다.

상대방을 배려하는 마음에서 우러나오는 예절과 예의의 시작은 인사다. 누구를 만나든지 먼저 편안하고 친절하게 인사하는 사람이 예의 바른 사람이다.

우리나라는 예로부터 '동방예의지국'이라고 불렸으며, 우리 민족은 체면을 중시하는 민족이지만, 생활 속에서 예의를 실천하는 사람은 많지 않다. 우리나라 사람들은 인사하는데 비교적 약하다. 길에서나 엘리베이터 안에서나 회사의 복도에서 누구를 만나더라도 잘 아는 사람이 아니면 그대로 지나치는 경우가 많다. 또 우리가 자주 목격하는 것으로 자동차 도로 주행 중에 가벼운 접촉사고가 났을 때 서로 삿대질하고 싸우는 경우가 그렇다. 신호등이 바뀔 때 앞에서 조금이라도 늦게 출발하면 사정없이 쏘아댄다.

서양 사람들이 지닌 장점 중 하나가 바로 기본적인 생활 매너가 우리보다 훨씬 자연스럽게 배어있다는 점이다. 그들은 엘리베이터 안에서 처음 만난 사람에게도 먼저 인사를 건넨다. 인사를 주고받다 보면 서로 하는 사업에 대해 얘길 나누게 되고 자연스럽게 사업상 거래처로 연결되는 경우가 많다. 우리라고 그러지 말라는 법은 없다.

인사를 먼저 하는 습관을 기르는 것은 예절을 몸에 익히는 길이다. 그리고 그 습관은 엘리베이터 안에서 만난 우연한 인연조차 자신의 인적자원으로 연결하는 길이 될 수 있음을 명심하고 먼저 인사하기를 실천하도록 하자.

예의와 예절을 몸에 익히기 위해서 중요한 것은 상대방을 배려하는 습관이다. 나보다 상대방의 입장이나 마음이 어떨지를 생각하는 마음, 이것이 상대방에 대한 어떠한 예의보다도 우선 되어야할 마음의 자세다. 진심이 아니면 아무리 형식적으로 예의를 표한다고 하더라도 상대방은 이미 알기 때문이다.

성공하고 싶다면 스스로 예의와 예절에 맞는 마음과 행동을 습관적으로 실천하고 있는지 점검해야 한다. 마음에서 우러나오는 예의와 예절은 바로 휴먼네트워킹의 시작이다.

*성공을 위한 명상노트 – 예의

||||| 공손이란 선의의 외면적 의상이다. 많은 사람들은 껍질이 딱딱한 열매를 깨뜨려 속을 보면 내용물이 하나도 없는 매몰찬 열매와 같다. –줄리어스 찰스 헤어

||||| 군자에게 용맹만 있고, 예가 없으면 세상을 어지럽게 한다. 소인에게 용맹만 있고, 예가 없으면 도둑이 된다. –공자

||||| 나쁜 매너는 이성도 정의도 깨뜨리고 만다. 그러나 세련된 매너는 싫은 것도 잘 보이게 한다. –B.그라시안

||||| 덕망이 높은 사람을 두려워하듯, 비천한 사람도 두려워하지 않으면 안 된다. 상대가 비천하다고 업신여기기가 쉬운데, 그 결과는 자신의 성품을 나쁘게 하는 것이 된다. 윗사람에게 예절을 지키기는 어렵지 않으나, 아랫사람에게 예절있게 하기는 오히려 어렵다. 윗사람을 섬기듯 아랫사람에게 예절이 바르지 않으면 표리부동한 성품으로 떨어지기 쉽다. –채근담

||||| 마음에는 예의란 것이 있다. 그것은 애정과 같은 것이어서 그같이 순수한 예의는 밖으로 흘러나와 외면 행동으로 나타나는 것이다. –괴테

||||| 모든 사람에게 예절바르고, 많은 사람에게 붙임성 있고, 몇 사람에게 친밀하고, 한 사람에게 벗이 되고, 누구에게나 적이 되지 말라. –벤자민 프랭클린

||||| 사람들의 교제에서 예절을 깍듯이 지키는 사람은 이자로 살아갈 수 있으나, 그것을 무시하는 사람은 원금에 손을 대게 된다. –호프만스탈

||||| 예절이 갖는 힘을 체득하라. 두 배의 가치가 돌아온다. 예절의 기술은 모든 인간관계를 향상시킨다. –그라시안

||||| 훌륭한 예절과 부드러운 언행이 많은 난제들을 해결해 주었다. –J. 벤부르

16 나이 40이 넘으면, 자기 얼굴에 책임을 져야 한다

링컨 대통령에 관한 일화다. 고문 중 한 사람이 내각에 누군가를 추천했는데 링컨 대통령이 인상이 좋지 않아 등용할 수 없다고 밝혔다. 그러자 그의 고문은 그 사람에게 그의 얼굴에 대한 책임은 없다고 말했다. 하지만 링컨 대통령은 '나이 40세가 넘으면 사람은 자기의 얼굴에 책임을 져야 한다'며 단호하게 거부했다고 한다.

사람을 판단할 때의 기준에 대한 고사성어로 '신언서판(身言書判)'이라는 말이 있다. 사람의 모습(身)이 가장 중요한 기준이라는 뜻이다. 이때 모습은 외모도 되겠지만 중요한 것은 그 사람의 인상, 즉 이미지다.

누구나 사람을 만나면 그 사람에 대한 첫 인상이 머리에 남게 된다. 첫 인상은 오랫동안 그 사람의 이미지로 남아 상대방을 지배하게 되기 때문에 매우 중요하다.

이미지 관리를 하라고 해서 성형외과를 찾는 것은 참으로 어리석은 일이다. 여기서 말하는 이미지란 외형적 모습이 아니라 풍기는 인격을 말한다. 그래서 요즈음은 이미지 메이크업이라는 직업이 각광을 받고 있다. 이미지는 관리할 수 있는 것이기 때문이다. 또 충분히 그럴 가치가 있다.

여기서 이미지 관리를 스스로 할 수 있는 실천 방안을 몇 가지 제안코자 한다.

첫째, 자주 웃어라. 사람과 마주치면 미소 짓는 습관은 좋은 습관이다. 우리는 어려서부터 미소 짓는데 인색하게 자랐다. 아무에게나 미소 지으면 실없는 사람으로 취급되곤 했기 때문이다. 그러나 자주 웃어야 얼굴의 근육도 발달해 자연스럽게 미소 지을 수 있다. 매일 미소 짓는 연습을 하자. 옛말에 일소일소(一笑一少), 일노일노(一怒一老)라는 말이 있지 않은가! 많이 웃을수록 젊어진다고 하니 해볼만한 일이다.

둘째, 인사 하라. 사람과 눈이 마주치면 가볍게라도 눈인사를 하거나 가벼운 목례를 하는 것이 이미지 관리에 큰 도움을 준다.

서양인의 경우 서로 눈인사나 소리 내어 인사하고 편안하게 이야기하는 모습을 자주 보게 되는데 그것이 그들의 경쟁력이라는 생각을 하곤 한다. 그들은 가벼운 인사 하나로 이미 휴먼네트워킹을 하고 있는 것이다.

셋째, 칭찬하라. 우리는 칭찬에 인색하다. 남의 험담은 잘하지만 칭찬은 아끼는 편이다. 누구에게나 칭찬 받을 만한 장점이 있게 마련이다. 남을 칭찬하는 습관은 상대방의 자신감은 북돋아주고 자신은 이미지 관리를 할 수 있어 서로에게 좋은 것이다.

넷째, 하루를 반성하라. 옛말에 일일삼성(一日三省)이라는 말이 있다. 하루에 세 번 또는 세 가지를 반성하라는 뜻이다. 이렇게 자신을 늘 반성하면서 살면 겸손함도 더불어 얻게 된다. 겸손은 훌륭한 이미지다.

링컨 대통령이 말한 '자기 나이 40이면 얼굴에 책임을 지라' 는 말이 우리에게 시사하는 것은 바로 자신의 얼굴은 자신의 마음을 닦는데서 비롯된다는 것이다. 그것이 바로 이미지 관리의 핵심이다.

필자가 경험한 바로는 잠자리에 들기 전에 눈을 감고 그 날의 일 중에서 반성할 일이 있으면 반성하고 칭찬할 일이 있으면 자신을 격려하며 잠에 들면 훨씬 편안한 숙면에 빠질 수 있다. 잠자기 전에 마음의 평정을 찾지 못하면 자면서 악몽을 꾸거나 숙면을 취하지 못할 가능성이 높다. 그래서 다음 날 피곤함을 더 느낀다. 이러한 피곤함은 사람의 인상을 편안하게 해주지 못하여 이미지 관리에 해가 된다.

위에서 열거한 네 가지를 매일 반복해 습관으로 만들고 나면 자신도 모르게 자신의 인상이 바뀌게 되고 다른 사람들로부터 좋은 인상을 지니고 있다는 칭찬을 듣게 될 것이다.

남에게 좋은 이미지를 심어주고 많은 사람들로부터 호감과 칭찬을 받게 되면 눈에 보이지 않는 후원자 그룹이 생기는 것이다. 마치 월드

컵 때 붉은 악마의 열띤 응원으로 우리 선수들이 기대 이상의 힘을 냈듯이, 많은 사람들을 여러분의 후원자로 만들 때 성공할 가능성은 그만큼 커진다.

* ✳ 성공을 위한 명상노트 - 이미지 관리

▥▥ 말로는 진실을 왜곡할 수 있어도 얼굴 표정만은 진실을 왜곡하지 못하는 법이다.
   -니체

▥▥ 말없는 표정에도 소리와 말이 있다. -오비디우스

▥▥ 사람의 얼굴은 점점 더 아름다워진다고 느껴진다. 그것은 사람의 마음의 가치가 점점
   높아지기 때문이다.
   따라서 얼굴은 그 얼굴 뒤에 있는 마음에 의하여 형(型)이 자리 잡힌다. 고상하고 우
   아함을 생각하면 우아하게 되고, 야비한 마음을 가지면 야비하게 된다. -W. 월번

▥▥ 사람의 얼굴은 하나의 풍경이며 한 권의 책이다. 얼굴은 결코 거짓말을 하지 않는다.
   - H. 발자크

▥▥ 만일 어떤 사람이 내내 실패하는 것만을 생각하고 있으면 그 사람의 인생은 그대로
   될 것임에 틀림없다. 반대로 성공하는 것을 상상하면 같은 정도의 강력한 힘이 작용
   하여 그렇게 되어간다. 그 이후 오늘날에 이르기까지 우리들은 이미징의 원리를 계속
   익히며 여러 가지 체험을 했다.
   그 결과 이 테크닉이 인생의 모든 중대한 측면에서 효과적인 작용을 한다는 것을 알
   았다. 이미징은 창조적인 인생을 보내는데 있어서 중대한 원리이며, 또한 성공적인
   삶의 영원한 테마이기도 하다. 단, 이것은 단순한 트릭에 의해 바라는 대로의 결과를
   얻을 수 있는 것과는 전혀 다른 일이므로 그 점을 부디 마음속에 새기기 바란다. 이미
   징은 우리들이 상상할 수 없는 그 어떤 식으로 문제 해결이나 목표 달성으로의 문을
   열어 준다.
   그러나 그 문이 한 번 열리면 꿈의 실현을 위해서 단련이나 결의, 끈기가 필요하다.
   이 과정을 지나면 우리들이 체험으로도 알 수 있는 것처럼 누구든 이미징 대로의 인
   간이 될 수 있다는 사실을 당신도 알 수 있게 될 것이다. -노만 V. 필

17

단 한 번의 친절

친절한 태도로 일약 부자가 된 사람의 이야기를 들어보자.

미국 네바다 주의 사막 한 복판에서 빈 트럭을 끌고 드라이브를 하
고 있던 멜빈 다마라는 한 젊은이가 허름한 차림의 노인을 발견하고
차를 세웠다.

"어디까지 가십니까? 타시죠!"

"고맙소, 젊은이! 라스베가스까지 태워다 줄 수 있겠소?"

세상 돌아가는 이야기를 나누다보니 어느새 노인의 목적지에 다다
랐다. 부랑자 노인이라고 생각한 젊은이는 헤어지면서 25센트짜리 동
전하나를 노인에게 주면서 말했다.

"영감님, 차비에 보태 쓰세요."

"참 친절한 젊은이로구먼. 명함 한 장 주게나."

젊은이는 무심코 명함을 건네주었다.

"멜빈 다마! 이 신세는 꼭 갚겠네. 나는 하워드 휴즈라고 하네."

훗날 하워드 휴즈라는 이름을 들어보지 못한 젊은이가 그 일을 까마득하게 잊고 있을 무렵 기상천외한 일이 벌어졌다.

「세계적인 부호 하워드 휴즈 사망」

이런 기사와 함께 유언장이 공개되었는데 '하워드 휴즈 재산의 16분의 1이 멜빈 다마에게 증여' 된 것이었다. 하워드 휴즈의 재산이 25억 달러였으니까 최소한 1억5천만 달러가 증여된 것이다.

멜빈 다마가 그랬듯이 친절한 태도는 그 사람의 마음에서 진심으로 우러나오는 것이다.

요즈음 114 전화번호 안내나 웬만한 서비스를 제공하는 업체에 전화를 하면 격세지감을 느끼곤 한다. 과거에 114로 전화를 걸었던 기억이 새롭기 때문이다. 과거에는 전화를 걸면 친절치 못한 태도에 심히 불쾌했다. 하지만 요즘은 전화를 끊고 나면 기분이 유쾌해질 정도로 친절하다.

얼마 전에는 집에 설치한 초고속 인터넷을 바꾸기 위해 기존의 인터넷 서비스 회사에 전화를 걸었던 적이 있다. 서비스에 불만을 느껴 계약을 해지하려고 한 전화인데, 상대방의 친절한 안내에 고객인 내가 오히려 미안하다는 말을 연발했다. 친절의 힘이었다.

아주 오래 전에 필자가 미국에서 생활할 때 그들의 서비스가 우리보다 늘 앞서 있어서 부러웠던 시절이 있었다. 그런데 요즘에는 우리나라에 고객만족, 고객감동 그리고 고객성공이라는 개념이 사회 각 분야에 확산되고 있어 기분이 좋다. 그만큼 경쟁력이 제고되고 있다는 증거다.

그러나 진심어린 친절함으로 고객을 대하는 것과 형식적인 친절함은 분명 다르다.

'고객은 왕이다' 라는 말을 진심으로 실천하는 사람과 그렇지 못한 사람을 고객은 구분할 줄 안다. 고객이 왕이라는 생각을 진심으로 하는 사람은, 사회에서 만나는 다른 사람에게도 진심어린 친절을 실천하기 마련이다.

일본이 세계의 경제 대국으로 성장한 동력 중의 하나가 바로 그들이 지니고 있는 몸에 밴 친절함이다. 일본인의 몸에 밴 친절은 곧 일본의 경쟁력이다. 그러나 그들의 친절함은 하루 아침에 이루어진 것이 아니다. 그들 스스로 친절에 대한 철학을 바탕으로 많은 교육과 훈련을 거듭했기 때문에 가능한 일이었다.

우리나라도 다행히 많은 교육과 훈련으로 서비스 업계의 친절함은 많이 향상했다. 그러나 여기서 멈춰서는 안 된다. 모든 사람들이 서로의 가치를 귀하게 여기고, 진심으로 우러나오는 친절을 습관화할 때 우리의 경쟁력도 한 차원 업그레이드 될 것이다.

*❋성공을 위한 명상노트 - 친절

||||| 그릇이 큰 사람은 남에게 호의와 친절을 베풀어주는 것을 자신의 기쁨으로 삼는다. 그리고 자신이 남에게 의지하고 남의 호의를 받은 것을 부끄럽게 생각한다. 즉 내가 남에게 베푸는 친절은 그만큼 자신이 그 사람보다 낫다는 얘기가 되지만, 남의 친절을 바라고 남의 호의를 받는 것은 그만큼 내가 그 사람보다 못하다는 의미가 되는 까닭이다. -아리스토텔레스

||||| 부드러움과 친절은 나약함과 절망의 징후들이 아니고, 힘과 결단력의 표현이다. -칼릴 지브란

||||| 자기에게 이로울 때만 남에게 친절하고 어질게 대하지 말라. 지혜로운 사람은 이해관계를 떠나서 누구에게나 친절하고 어진 마음으로 대한다. 왜냐하면 어진 마음 자체가 나에게 따스한 체온이 되기 때문이다. -파스칼

||||| 진정한 친절이란 몰지각한 사람의 잘못이라도 참을성 있게 받아들이는 힘이다. -찰스 칼렙 콜튼

||||| 친절은 세상을 아름답게 한다. 모든 비난을 해결한다. 얽힌 것을 풀어헤치고, 곤란한 일을 수월하게 하고, 암담한 것을 즐거움으로 바꾼다. -톨스토이

||||| 친절은 온갖 모순을 해결하면서 생활을 장식한다. 얽힌 것을 풀어 주고 난해한 것을 수월하게 해주며 암울한 것을 환희로 바꾸어 놓는다. -체스터필드

||||| 친절한 마음가짐의 원리, 타인에 대한 존경은 처세법의 제일 조건이다. - H.F. 아미엘

18 칭찬으로 이제는 가능성을 춤추게 하라!

우리는 늘 사람들을 대하고 커뮤니케이션하며 산다. 같이 사는 사회인 것이다. 특히 사업을 하거나 조직생활을 하는 사람들의 경우는 인간관계를 어떻게 푸느냐에 성공이 달려 있다고 해도 과언이 아니다.

좋은 인간관계를 구축하기 위해서 해야 할 일은 여러 가지 있지만, 상대방을 잘 이해하고 늘 칭찬하는 습관만큼 탁월한 방법은 없다.

우리나라 사람들은 특히 남을 칭찬하는데 매우 인색하다. '저 사람이 내 마음을 알아주겠지'라고 생각하거나 '이 정도는 당연히 해야 하는 일 아닌가'라고 생각하는 사람이 많기 때문이다.

하지만 상대방을 적절하게 칭찬하는 것은 상대가 자신감을 가지고 적극적으로 인생을 살아가게 한다.

적극적으로 남을 칭찬하는 것을 습관화하라. 작은 일이라도 상대방이 자긍심을 갖게 되면 내면에 있는 힘을 다하여 신명나게 일할 수 있어 더 큰 성과를 낼 수 있기 때문이다.

『칭찬은 고래도 춤추게 한다』(켄 블랜차드)라는 책에서도 남을 칭찬하는 일의 중요성을 강조하고 있다. 그 책에서 제시하는 '칭찬 십계명'을 인용하면 이렇다.

1. 칭찬할 일이 생겼을 때 즉시 칭찬하라. 칭찬은 빨리 할수록 좋다. 작은 일이라도 즉시 칭찬하라.

2. 잘한 점을 구체적으로 칭찬하라. 상대방이 한 일 중에서 어떤 점이 칭찬을 받을 만한 점인지, 나에게 어떤 감동을 주었는지를 구체적으로 칭찬하라.

3. 가능한 한 공개적으로 칭찬하라. 상대방의 잘못을 지적할 때는 개인적으로 하고 칭찬할 때는 공개적으로 해서 상대방이 자긍심을 갖도록 하라.

4. 결과보다는 과정을 칭찬하라. 일 처리에 있어서 결과도 중요하지만 그 과정이 더 소중할 때가 많은 법이다. 따라서 설혹 결과가 조금 좋지 않더라도 과정에 칭찬할 일이 있으면 하라.

5. 사랑하는 사람을 대하듯 칭찬하라. 상대방을 칭찬할 때는 진심으로 칭찬하라.

6. 거짓 없이 진실한 마음으로 칭찬하라. 입술로 하지 말고 마음을 담아서 마음으로 하라. 속으로는 싫으면서 겉으로만 칭찬하면 상대방도 느낀다.

7. 세상에 대한 시각이 긍정적이면 칭찬할 일이 보인다. 부정적인 시각으로 보면 온통 야단칠 일 뿐이지만 긍정적으로 상대방을 보면 칭찬할 일이 많이 보일 것이다.

8. 일이 잘 풀리지 않을 때 더욱 격려하라. 사람들이 어떤 일을 해결하고자 노력함에도 불구하고 일이 잘 풀리지 않을 때가 있다. 이럴 때일수록 상대방이 잘하고 있

는 점을 찾아서 칭찬하면 상대방이 더욱 힘을 내서 최선을 다할 것이다.

9. 잘못된 일이 생기면 관심을 다른 방향으로 유도하라. 일을 진행하다가 잘못되는 경우가 있을 수 있다. 이럴 때일수록 상대방이 잘못된 일에 지나치게 빠지지 않도록 유도해서 슬기롭게 헤쳐 나오도록 격려하라.

10. 가끔씩은 자기 자신을 칭찬하라. 그렇다! 자신을 칭찬하는 것은 내면에 있는 자신의 잠재력을 꺼내는데 대단히 큰 힘을 발휘하게 된다. 자신을 칭찬하는데 익숙해야 남도 칭찬할 수 있다.

위에 열거된 '칭찬 십계명' 을 늘 마음에 넣고 남을 칭찬하자. 주변의 사람들과의 관계가 보다 원만해지면서 더 큰 성공의 길을 가게 될 것이다.

칭찬은 상대의 매우 작은 가능성을 훌륭한 능력으로 끌어 올리는 기적의 엔진임을 잊지 말라.

*❋성공을 위한 명상노트 – 칭찬

〔 나는 사람을 열중시키는 능력을 나의 최대의 재능이라고 생각하고 있다. 인간은 끊임 없이 칭찬을 해주며 격려를 해준다면 능력이 가장 잘 발휘된다. 상사로부터 야단을 맞는 것만큼 인간의 향상심을 죽이는 것은 없다.
그래서 나는 누구도 질책한 일이 없다. 나는 남을 격려하여 일의 의욕을 생기게 해주 는 것을 좋은 일이라고 믿고 있다. 따라서 사람을 칭찬하는 것을 아주 좋아하지만, 남 을 책망하는 것은 아주 질색이다. 내가 좋아하는 것은 남의 노력을 진심으로 인정해 주며, 칭찬을 아낌없이 주는 것이다. −찰즈 슈워즈

〔 나는 지금까지 세상의 온갖 위대한 인물들과 만나 왔지만 남에게 칭찬을 받으며 일하 는 것보다, 남에게 비난을 받으며 일하는 편이 훨씬 더 좋다고 하는 사람은 아직 만난 적이 없다. −찰즈 슈워프

〔 남의 좋은 점을 발견할 줄 알아야 한다. 그리고 남을 칭찬할 줄도 알아야 한다. 그것 은 남을 자기와 동등한 인격으로 생각한다는 의미를 갖는 것이다. −괴테

〔 당신의 동료들에 대한 비판적인 자세를 변화시켜야 한다. 칭찬하고 충고하는 태도를 가져라. 만일 당신이 사람들에 대해 비판하기 시작하면, 당신은 그들이 하는 모든 일 에 대해 비판하는 자신을 발견할 것이다. 타인에 대한 칭찬을 찾음으로써 이런 심적 인 자세를 대치하라. 아무리 작은 칭찬이라도 칭찬은 좋은 것이다. 타인에게 칭찬하 는 것은 당신의 행복을 증가시키는 것이다. −노만 V. 필

〔 사람들은 곧잘 따끔한 비평의 말을 바란다고는 하지만 정작 그들이 마음속으로는 기 대하고 있는 것은 비평 따위가 아닌 칭찬의 말이다. −W. 서머셋 모음

〔 아름다운 일에 대해서는 칭찬을 아끼지 않는다면 우리 자신은 그 아름다운 일에 참여 하는 것이 된다. 그러나 아름다움에 일부러 눈을 가리고, 구석의 조그만 흠만 보는 것 은, 우리의 마음을 어두운 곳으로 몰아넣는 것이 된다. −라 로슈푸코

〔 현대 과학이 발전한 법칙에 의하면 칭찬을 받아서 자란 아이는 야단을 맞고서 자란 아이보다는 어질다고 한다. 만일에 자기 부하 중에 눈치 없는 사람이 있다면, 그것은 아마도 사람을 다루는 방법 탓일 것이다. 칭찬에는 언제나 능력을 키우는 힘이 있다. −트머스 드라이어

〔 칭찬이라는 마법의 지팡이야말로 사람을 움직이게 하는 원리이다. −김종민

〔 칭찬을 받거든 '감사합니다' 하고 그저 받아들여라. 성공하기 위해, 자신의 가치를 제 일 먼저 깨달을 필요가 있다. −앤드류 매튜스

19 우리는 하루 2500번 커뮤니케이션한다

　사람이 살아가는데 있어서 가장 중요한 것 중의 하나는 인간관계를 잘 이끌어 가는 것이다. 사람들과 좋은 관계를 유지하려면, 우선 상대방과 많은 대화를 나누며 서로를 이해하려는 노력을 해야 한다. 사람과 사람 사이의 소통과 교류를 통틀어 커뮤니케이션이라고 한다. 커뮤니케이션은 사람이 눈을 뜨고 있을 때나 자고 있을 때나 관계없이 진행되고 있다.

　하루에 사람은 평균 2,500번의 커뮤니케이션을 하면서 산다고 한다. 커뮤니케이션은 말로 하는 것도 있지만 시각적으로 하는 것도 있고 후각과 촉각으로도 한다. 온 몸이 커뮤니케이션을 위해 동원된다는 뜻이다.

　커뮤니케이션은 크게 나누어 미시적, 중시적, 거시적 커뮤니케이션으로 나눌 수 있다.

미시적 커뮤니케이션은 다시 자아(Intra-personal) 커뮤니케이션과 개인(Individual) 커뮤니케이션으로 나눌 수 있다. 자아 커뮤니케이션이란 자기 내부의 자아 상호간 커뮤니케이션을 말하는데 흔히 말하는 자아 내의 선과 악의 대화 같은 것을 말한다. 개인 커뮤니케이션은 개인이 주변의 사물이나 대상을 보면서 혼자 생각하고 정리하는 커뮤니케이션이다.

중시적 커뮤니케이션은 대인(Inter-personal) 커뮤니케이션과 소그룹(Small Group) 커뮤니케이션 그리고 조직(Organizational) 커뮤니케이션으로 나눈다. 대인 커뮤니케이션이 우리가 사회생활을 할 때 주로 쓰이는 것이며, 가장 중요한 커뮤니케이션이다.

소그룹 커뮤니케이션은 주로 모임이나 취미 생활 그리고 가족 단위에서의 커뮤니케이션을 말하며 조직 커뮤니케이션은 조직 활동을 하는 사람들에게 필요한 커뮤니케이션 영역이다.

학문적으로 거시적 커뮤니케이션은 사회(Social) 커뮤니케이션과 국제(International) 그리고 문화(Cultural) 커뮤니케이션으로 나뉘는데 이것은 아주 특수한 직종이나 제한된 사람들에게 필요한 커뮤니케이션 영역이다. 하지만 세계화 시대가 빠른 속도로 우리 생활 속으로 스며들고 있는 요즈음에는 누구에게나 적용될 수도 있다.

보다 효율적이고 효과적으로 커뮤니케이션하기 위해 다음과 같은 몇 가지 점을 유념해야한다.

첫째, 커뮤니케이션은 '스킬(Skill)' 이다. 커뮤니케이션은 일종의 기술로서 연구하고 노력하면 향상될 수 있다. 관련 서적이나 학원 등에서 스킬을 익힐 필요가 있는 사람은 적극적으로 익혀라.

둘째, 커뮤니케이션은 '과학' 이다. 학문적으로 그리고 체계적으로 잘 정리되어 있는 분야로써 누구나 관심을 두고 행할 수 있는 분야다.

셋째, 커뮤니케이션은 '생활' 이다. 누구나 커뮤니케이션을 하지 않고 사는 사람은 없다. 아침부터 잘 때까지 아니 자는 동안도 사람은 커뮤니케이션을 지속적으로 하기 때문이다.

개인이 어떤 분야에서 성공하기 위해서는 커뮤니케이션을 보다 효율적이고 효과적으로 해야 한다. 하지만 커뮤니케이션 스킬을 기르는 것은 후천적인 노력이 수반되어야 하므로 끊임없는 인맥관리 기법과 자기표현 관리 능력을 길러야 한다. 향상된 커뮤니케이션 스킬을 지닌 사람이야말로 성공과 가까이 있는 사람이다.

*✳성공을 위한 명상노트 – 커뮤니케이션

‖‖‖ 혼자 힘으로 백만장자가 된 사람은 없다. 주위의 재원, 인맥을 끌어들이지 않으면 안되는 것이다. –스티븐 스코트

‖‖‖ 타인의 호감을 사는 법.

　　1)따뜻하고 성실한 관심을 기울여라.
　　2)이름을 기억하라.
　　3)말하기보다 듣기를 잘 하라.
　　4)마음속으로부터 칭찬하라.
　　5)미소를 지어라.
　　6)상대의 관심방향을 간파하라.
　　–카네기

‖‖‖ 자기 자신을 알려거든 남이 하는 일을 주의해서 잘 살펴보아라. 다른 사람의 행동은 나의 거울이다. 또 다른 사람을 알려거든 특히 그 사람을 아껴 주어라. 또 그 사람을 이해하려거든 먼저 자기 마음속을 들여다보아라. 네가 남에게 바라고 싶은 것을 네가 먼저 베풀어라. –시르엘

‖‖‖ 자신을 완성시키려면 정신적으로는 물론 다른 사람과의 관계도 잘 맺어야만 합니다. 다른 사람들과 교제를 맺지 않고 또한 다른 사람에게 영향을 미치거나 영향을 받지 않고서는 자신을 살찌워나갈 수 없기 때문입니다. –톨스토이

‖‖‖ 인간은 상호관계로 묶어지는 매듭이요, 거미줄이며, 그물이다. 이 인간관계만이 유일한 문제이다. –생텍쥐페리

‖‖‖ 세상은 거울과 같다. 사람들과의 관계에서 겪는 문제들 중 대부분은 스스로와의 관계에서 겪고 있는 문제를 거울처럼 보여주고 있다. 밖으로 나가서 남들을 바꿔 놓을 필요는 없다. 우리 자신의 생각들을 조금씩 바꿔 나가다 보면, 주위 사람들과의 관계는 자동으로 개선된다. –앤드류 매튜스

20

건강하지 못하면

인생에서 성공하려면 커다란 두 기둥을 잘 잡고 있어야 한다. 두 기둥은 성실과 유능이다.

성실은 부지런한 것이 으뜸이며 약속을 잘 지키는 것이 중요하고 자기 관리에 철저한 노력을 하는 것이다. 자기관리에는 건강관리, 이미지 관리 그리고 커뮤니케이션 관리가 포함된다.

한편 유능이란 어떤 분야이든 그 분야에서 전문가가 되는 것이며, 경영과 경제에 대해서 이해하는 사람이 되는 것으로 이를 위해서 한 달에 최소한 4권의 책을 읽어야 한다.

자기관리 중 가장 소중하게 여기며 신경 써야 하는 것은 바로 건강관리다. 건강하지 못하면 정신도 쇠약해지고 사업에 의욕을 잃기 때문에 성공하는데 큰 장애가 될 수 있다. 건강한 육체에만 건강한 정신이 깃들 수 있다. 건강은 물론 타고난 것도 있지만 대부분의 경우는 후천적으로 관리해야 한다.

건강은 크게 육체적인 건강과 정신적인 건강으로 나눌 수가 있는데 우리는 이 두 가지 모두를 잘 관리해야 한다.

우선 육체적 건강을 지키는 데는 정기적인 운동이 가장 효과적이다. 아침에 상쾌한 기분으로 30분 정도 매일 자신에게 맞는 운동을 하면, 몸도 건강해지고 자신감도 커진다.

많은 사람들이 저녁 시간을 택하는 경우가 많은데 사실 사회생활을 하면서 저녁 운동을 매일 지속적으로 한다는 것은 쉽지 않다. 그래서 필자는 늘 아침에 일찍 일어나서 운동하는 것을 권한다.

육체적 건강을 지키는 것뿐만 아니라 정신적인 건강을 유지하는 일도 매우 중요하다. 현대인들은 매일 수많은 스트레스에 노출된 채 살아간다. 스트레스를 적절하게 풀지 못하고 쌓이면 큰 병을 얻게 될 수도 있고 결국 건강치 못한 것은 자신의 목표를 달성하는데 큰 걸림돌이 된다. 그래서 정신적인 건강을 유지하기 위해서 필자가 권하고 싶은 것은 적당한 운동과 함께 잠자리에 들기 전의 자기성찰이다.

잠자리에 들기 전에 그 날 있었던 일 중에서 마음에 걸리는 일을 훌훌 털어 버려라. 나쁜 꿈으로 이어지는 것을 막을 수가 있고, 또 깊은 잠을 잘 자야 건강 상태를 유지할 수 있기 때문이다. 종교생활을 통해서 스트레스를 푸는 것도 훌륭한 방법이다.

마지막으로 일상생활에서 타인과의 관계를 보다 유쾌하게 유지하는 것이 정신 건강을 유지하는데 매우 좋다. 사람들과의 만남이 즐겁고 유쾌해야 스트레스가 쌓이지 않기 때문이다. 사람들을 만날 때 늘 '미인대칭'을 생각하고 생활화하라. '미인대칭'은 미소 짓고, 인사하고, 대화하고, 칭찬하라는 뜻으로 다음 장에서 자세히 소개하겠다.

남과 눈이 마주치면 자연스럽게 미소 짓고 인사하며, 대화하고 칭찬할 것이 있으면 칭찬을 아끼지 않은 것이 자신의 정신 건강 뿐만 아니라 상대방의 기분도 좋게 해주는 일이니 일거양득이다.

위와 같이 육체적인 건강과 정신적인 건강을 잘 유지할 때 우리는 성공이라는 정상으로 또 한 계단 올라설 수 있다. 정신과 육체가 건강하지 못하면 성공확률이 매우 낮아진다는 것을 명심하고 성공을 꿈꾸는 사람은 자신의 육체적, 정신적 건강부터 반드시 챙기기 바란다.

✳️ 성공을 위한 명상노트 - 건강

IIIII 자신의 건강을 돌보라. 건강하거든 신을 찬미하라. 건강은 훌륭한 양심으로써 소중히
간직하라. 건강은 우리 인간이 가질 수 있는 돈으로 살 수 없는 약이다. —월튼

IIIII 약 25년 전에 런던의 어느 의사는 결핵이나 암보다 더 무서운 병이 있다고 선포한 적
이 있다. 그의 시대부터 우리는 결핵 때문에 심한 공포를 느껴왔고, 또 암을 예방하려
고 노력해 왔다.
그러나 결핵이나 암보다 더 무서운 이 병은 점차적으로 더 증가되고 있다. 그것은 여
러 가지 이름으로 불리고 있다. 그러나 가장 잘 알려진 이름은 짜증이다. 진실로 수많
은 사람들의 죽음에 대한 원인은 짜증이다. 그러므로 우리는 시간을 선용하는 것은
짜증을 제거시키는 것, 활기를 증가시키는 것, 생산력을 강화시키는 것, 혹은 즐겁게
사는 것임을 알아야 한다. —랄프 소크만

IIIII 인간의 행복은 거의 건강에 의하여 좌우되는 것이 보통이며, 건강하기만 하다면 모든
일은 즐거움과 기쁨의 원천이 된다. 반대로 건강하지 못하면, 이러한 외면적 행복도
즐거움이 되지 않을 뿐 아니라 뛰어난 지(知), 정(情), 의(義)조차도 현저하게 감소된
다. —아르투어 쇼펜하워

IIIII 신체가 병들면 정신은 혼미한 상태로 방황한다. 정신은 거칠게 폭언하며, 때로는 둔
중히 마비된 상태로 눈을 감고 고개를 떨어뜨리며, 영혼은 혼수(昏睡)의 심연으로
실려간다. 그런 정신으로 무슨 일을 계획하겠는가. 그런 머리로 무슨 일을 추진하겠
는가. 정신을 온전히 보존하기 위해서라도 건강을 지켜야 한다. —루크레티우스

21

한국판 미인대칭 운동

2003년 초. 강의를 마치고 나오는 길에 한 분의 신사가 따라 나와 내 강의에서 얻은 것이 많다며 책을 한 권 주셨다. 그 분이 쓰신 책이었는데 제목이 『성공한 사람들의 인간경영 리더십』이었다. 그 분은 김기현 목사님이었다.

다음날 하루 종일 그 책을 읽어 내려가다가 마음에 강하게 와 닿는 것이 있었다. 바로 김기현 목사님이 제창한 '사랑의 미인대칭운동' 이라는 국민운동이었다.

'미인대칭' 은 미소, 인사, 대화 그리고 칭찬하자는 말의 앞의 글자를 따서 만든 것이다. '미인대칭' 은 성공하는 사람의 중요한 경쟁력이 될 수 있다.

첫째 '미소' 는 사람을 만나면 굳은 얼굴을 하지 말고 눈이 마주치면 가볍게 목례라도 하면서 웃는 모습을 실천하라는 의미다. 미소를 지으면 상대방 쪽에서도 가볍게 미소를 보내오게 될 것이고 자연스럽게 분위기가 부드러워질 수 있다.

두 번째 '인사'는 사람을 만나면 먼저 반갑게 인사하라는 의미다. 언제 어디서 사람을 만나더라도 늘 웃으면서 인사를 하는 습관은 사회를 밝게 하면서 자신의 이미지를 좋게 할 수 있다. 엘리베이터에서 서로 모르는 사람이 같이 타고 올라갈 때, 우리나라에서는 먼저 인사하는 경우를 거의 보지 못한다. 서로 멀뚱멀뚱하게 민망스러울 정도로 천장과 주변을 쳐다보면서 빨리 도착하기만을 기다리는 경우가 많다. 하지만 선진국의 경우엔 누가 먼저라고 할 것도 없이 인사를 한다. 높은 층까지 가는 경우 서로 대화가 진전되어 명함을 교환하는 경우도 종종 발생한다. 이것은 그들이 가지고 있는 강점이다. 바로 휴먼네트워킹이 우리보다 잘 실천되어 사회의 경쟁력이 제고될 수 있기 때문이다.

세 번째 '대화'는 가족이나, 동료 사이에 많은 대화를 나누는 사람이 경쟁력을 높일 수 있다는 의미다. 가족 사이에도 많은 대화를 나누는 집안이 그렇지 못한 집안보다 훨씬 더 화목한 경우가 많은데, 상호 간 이해의 폭이 넓을수록 실수를 적게 하고 쓸데없는 오해를 줄일 수 있기 때문이다. '대화하고 토론하며 늘 의견을 나누는 문화'가 정착된 국가나 기업은 그렇지 않은 국가나 기업과 비교했을 때 경쟁력이 높다.

마지막으로 '칭찬'하라는 것인데, 이것은 약점보다는 강점을, 단점보다는 장점을 보려고 노력하는 자세를 의미한다.

칭찬은 만병통치약이다. 상대방을 격려하면 자신감을 갖게 하며 숨겨져 있는 잠재력을 발휘하게 하는 촉매제가 될 수 있다.

어린아이들의 장점과 강점을 찾아서 칭찬해 주는 것도 아이의 자신감 증진에 도움이 된다. 물론 단점과 약점을 부드럽게 알려주는 것도 잊지 말아야 한다.

위에 열거한 네 가지를 우리 주변에서부터 실천하면 국가적으로는 더욱 밝아지고 견고해져서 경쟁력 있는 선진국으로 진입하게 될 것이며, '미인대칭' 을 실천하는 사람이야말로 반드시 성공할 것이라 확신한다.

✳성공을 위한 명상노트 – 미인대칭

〽 세상은 하나의 거울과 같아 우리들이 웃으면 세상도 웃고, 우리들이 찡그리면 세상도
찡그린다 붉은 안경을 끼고 세상을 보면, 모든 것이 다 붉고 장미빛으로 보인다.
푸른 안경을 통해서 세상을 보면, 모든 것이 푸르게 보이고 연기 낀 것으로 보면 모
든 것이 흐리고 뿌옇게 보인다. 세상의 모든 사물은 빛나는 면을 가지고 있다.
세상에는 사람의 웃음과 그 사람의 음성, 그리고 그 사람의 존재가 태양같이 보이고,
온 실내를 명랑하게 하는 사람이 있다.
아름다운 웃음, 친절한 말, 즐거운 표정으로 모든 사람을 대하라.
—에이브리

22 나무에 새겨놓은 문자, 습관

영국의 사상가 새뮤얼 스마일스는 "습관은 나무껍질에 새겨놓은 문자 같아서 그 나무가 자라남에 따라 확대된다."고 말했다. 또 러시아 대문호 도스토예프스트키도 "습관이란 인간으로 하여금 무슨 일이든 가능하게 만든다."고 말했다.

이렇게 습관이란 한번 새겨놓거나 길들여놓으면 어떤 일이든지 할 수 있는 마법과도 같은 것이다. 그만큼 습관은 사람에게 매우 중요하다.

일본의 니시나 고헤이는 자신의 저서 『창업자의 조건』이라는 책에서 성공하려는 사람들이 갖춰야 할 습관에 대해 다음과 같이 설명하고 있다.

첫째, 시간이 있을 때마다 서점이나 도서관에 가라.

서점에 가면 많은 새로운 책들을 접하게 된다. 그 책 속에는 현재의 사회, 경제, 정치, 문화 등 각 분야의 현상을 대변하고 미래를 예측할 수 있는 힘이 숨겨져 있다. 책을 통해 지식을 습득하며 지식을 지혜로 발전시키고 미래를 예견해 보는 것은 큰 힘이 된다.

필자는 주변 사람들에게 한 달에 최소한 4권의 책을 읽을 것을 권하곤 한다. 한 달에 한 번 정도 일정한 날짜를 정해 놓고 아이들의 손을 붙잡고 도서관이나 서점에 나가면 더욱 좋다. 아이들에게 책을 자주 접하게 하는 것은 매우 좋은 공부가 된다. 정해놓은 날짜 이외에도 시간이 날 때마다 부정기적으로 서점이나 도서관에 들러 둘러보는 것을 습관화하라.

둘째, 강연회나 세미나 참석을 습관화하라.

세상의 많은 경험이나 지식을 스스로 체험하는 것은 거의 불가능한 일이다. 이 때 우리가 할 수 있는 일은 다른 사람의 지식과 경험을 간접적으로 획득하는 것인데 그것이 바로 강연회와 세미나에 많이 참여하는 것이다. 신문을 자세히 보면 무료 강연회가 많다. 아니 돈이 좀 든다고 하더라도 자기계발을 위해서는 많은 강의나 강연을 듣고 세미나에 참석하는 것은 좋은 방법이다.

셋째, 많은 미팅을 통해 자신을 계발하라.

한국 사람은 미팅 문화에 특히 약하다. 어려서부터 토의하고 토론하는 것보다는 주입식 교육에 익숙하기 때문이다. 토의하고 토론하면 많은 것을 느끼고 배울 수 있다. 다양한 사람들과의 미팅은 세상을 보는 시각을 넓혀주기 때문에 사회생활을 하는데 큰 도움이 된다. 혼자서 생각하는 것 보다 많은 모임에 나가서 많은 사람들의 생각을 듣는 것이 경쟁력을 높일 수 있는 탁월한 방법이다.

넷째, 일상생활을 통해 사회구조를 파악하라.

일상의 모든 생활 속에는 사회구조를 이해하기에 충분한 정보가 있다. 내가 구입하는 물건 하나하나가 어떤 유통구조를 거쳐서 내 손에 오게 되는지를 진지하게 연구하고 생각하게 되면 사회구조를 이해할 수 있다. 단순히 하나의 물건을 사는데서 그치는 것이 아니라 늘 사회 전체의 흐름을 읽어내려는 연습을 해야 한다.

다섯째, 언제나 '내가 만약 리더라면' 이라는 생각을 하라.

그렇다. 사람은 어느 위치에서 생각하고 세상을 바라보느냐에 따라 생각과 행동양식이 달라질 수 있다. 특히 리더의 입장에서 생각하는 것은 보다 폭 넓은 마음가짐으로 다른 세상을 볼 수 있는 기회를 제공한다.

여섯째, 직접 조직을 만들어 리더가 되라.

몇 명이라도 모임을 만들어 이끌어 본 사람과 그런 경험이 없는 사람은 세상을 보는 시각과 문제를 해결하는 능력이 전혀 다르다. 성공은 많은 사람들과의 관계를 원만하게 이끌고 주변 사람들의 협조를 얻을 때 가능하다. 따라서 젊었을 때부터 작은 조직이라도 만들어서 조직의 특성을 이해하고 조직에서 시너지 효과를 내는 방법을 익히도록 하라.

위에서 열거한 것들은 이미 여러분도 잘 알고 있는 것들이다. 하지만 중요한 것은 습관이 몸에 배도록 하는 노력과 실천이다. 여러분들이 위와 같은 습관을 몸에 배도록 실천하고 노력한다면 반드시 성공할 수 있다. 성공이란 우리에게 그리 멀리 있는 존재가 아니라 작은 실천으로부터 시작되는 가까운 존재다. 좋은 습관들을 몸에 배도록 노력하면 성공은 어느덧 자신에게 가까워져 있을 것이다.

*❋성공을 위한 명상노트 - 습관

|||| 맥스웰 멀츠는 22일이면 새로운 습관을 형성할 수 있다고 말했다.
22가지의 행동지침을 따라 매일 되풀이하거나 그 중 몇 가지만이라도 삶의 철학으로 삼아 반복한다면 성공습관으로 가득 찬 자신을 발견하게 될 것이다.

1. 머리를 써서 살아라. "빈대도 머리를 써서 사는데……." 고 정주영현대그룹 회장이 입버릇처럼 내뱉던 말이다. 한겨울 보리를 심어 잔디를 대신했던 부산UN묘지 공사며, 폐 유조선으로 단번에 물길을 막았던 서산 간척지 공사 등 그의 성공은 상식에 매달리지 않는 신선한 발상의 성공이었다.

2. 시작보다는 마무리를 잘하라. "사람은 '어떻게 시작하는가?'로 평가되지 않고 '어떻게 끝을 내는가?'로 평가된다."는 말을 기억해라. 시작은 누구나 잘 할 수 있다는 뜻이다. 언제나 중요한 것은 마무리다.

3. 미리 준비하는 습관을 갖자. "기회는 준비하는 자에게 찾아온다."는 루이 파스퇴르의 명언을 되새겨보자. 준비된 하루를 맞이하자.

4. 실패하더라도 실망하지 않는다. 기회를 얻지 못했다는 것은 아직 그만큼 기회가 있다는 말이다. 봄이 가면 여름이 오고, 가을이 가면 겨울이 오는 것처럼 인생에도 사계절이 있다. 과거는 지울 수 없지만 인생은 반드시 새로 시작할 수 있다.

5. 마지막 날이라 생각하고 일하라. 현자가 충고했다. "하나님을 위해 죽기 전날까지 살아라." 그러자, 이런 항의의 목소리가 들려왔다. '그걸 어떻게 알아요, 우리가 언제 죽을지도 모르는데." 이 말을 들은 현자는 이렇게 말했다. "하루하루를 죽기 전날처럼 살아라. 그럼 간단해."

6. 사고의 전환이 필요하다. 사람들의 고개는 좌우로 180도 밖에 돌지 않는다. 그러나 인간의 사고는 360도 한 바퀴를 돌릴 수 있다. 이렇듯 사고를 바꾸면 세상이 달리 보인다.

7. 한 가지 이상의 외국어를 마스터하라.

8. NATO를 버려라. 불행한 사람들은 항상 NATO(No Action Talking Only)로 살아간다. 성공한 사람들은 말보다 행동이 앞선다. 따라서 강한 결심이란 지금 있는 이곳에서 변화시킬 수 있는 용기라는 것을 잊지 말아라.

9. 유머를 개발하라. 동료를 기분 좋게 웃길 있는 유머야말로 성공인의 필수요소다. 유머전략의 기본은 '수사반장'이다. 수사반장-수집하라, 사용하라, 반응을 살피라, 장기를 살려라. 이 정도면 당신도 유머의 대가가 될 수 있다.

10. 서비스 정신을 잊지 말라. 고객에게 편안하고 확실하게 서비스하면 당신의 일은 번창한다.

11. 성공한 사람이 되라. 상처 입은 사람들 주위에는 언제나 상처 입은 사람들로 가득하다. 실패한 사람들 곁에는 실패한 사람들만 득실거린다. 성공한 사람이 되려거든 먼저 성공한 사람이 되라.

12. 자신의 일을 즐겨라.　언제나 해야 할 일을 찾지 말고 하고 싶은 일을 해라. 하지만 이것도 기억하라. 성공의 비밀은 자신이 좋아하는 일을 하는 것이 아니라 자신이 하는 일을 좋아하는 것이다.

13. 사명선언서를 만들라.　IBM은 훈련과정 때마다 간부가 참석해서 그 회사가 추구하는 세 가지 사명을 말한다. 개인에 대한 존중, 탁월성, 그리고 서비스이다. 이러한 원칙이 조직을 성공으로 이끈다. 나의 사명서는 무엇인가? 매일 아침 스스로에게 사명선언을 해 보라.

14. 모든 삶이 배움의 현장이 되게 하라.　우주만물에는 신의 지문(指紋)이 있다. 나아가 "업은 아이에게도 배울 것이 있다."는 격언이 있다. 자연현상뿐만 아니라 삶의 현장을 살아있는 교과서로 삼아라.

15. 정보인맥을 구축하라.　'개미형'이 아니라 '거미형'으로 살아라. 산업사회에서는 근면과 성실을 상징하는 개미가 표준 인간형이었다. 그러나 정보사회에서는 거미가 모델이다. 곳곳에 정보의 그물을 쳐두고 여유 있게 기다려라.

16. 아날로그가 아니라 디지털로 사고하라.　아날로그는 24시간을 나눠, 8시간은 일하고 8시간을 자고 8시간은 쉰다. 하지만 디지털은 일하는 시간을 별로 중요하게 여기지 않는다. 24시간 연속으로 일할 수 있고 24시간 내내 잘 수도 있다. 생산성만 있으면 되는 것이다. 디지털의 실체는 유연함과 무정형에 있다.

17. 상처를 거부해라.　현명한 사람은 자기마음의 주인이 되고, 미련한 자는 그 노예가 된다. 내가 나를 주장하는 것이야말로 성공의 지름길이다. 그러므로 이렇게 외쳐보라. "내가 허락하지 않는 한 나는 상처받지 않는다."

18. 일기를 써라.　또렷한 기억보다 희미한 기록이 낫다는 말이 있다. 하루를 돌아보는 일기야말로 내면세계의 질서를 찾아가는 자신만의 수업현장이다.

19. 성공의 주인공이 되라.　"명성에 빛나는 지도자들의 행위를 자세히 검토하면 그들이 운명으로부터 받은 것이란 기회 밖에 없었다는 것을 알게 될 것이다. 그리고 그 기회라는 것도 그들에게는 재료로 제공되었을 뿐이며, 그 재료조차도 그들은 자기네 생각에 따라 요리했던 것이다." 마키아벨리의 '군주론'에 나오는 말이다.

20. 결점에 매달리지 말라.　"신은 우리를 인간으로 만들기 위해 무엇인가 결점을 부여해 주었다." 셰익스피어가 '안토니오와 클레오파트라'에서 한 말이다. 결점에 매달리기보다 장점에 매달려라.

21. 가정을 소중히 하라.　바버라 여사는 이렇게 말했다. "우리 사회의 성공 여부는 백악관이 아니라 여러분의 가정에 달려 있습니다." 억대 연봉자들의 첫 번째 성공 요인은 화목한 가정이었다. 가정생활을 우선으로 하라.

22. 사소한 일에 목숨을 걸지 말라.　"마지막으로 실은 짚 한 오라기가 낙타 등을 부러뜨린다."는 말이 있다. 자신의 감정을 상하게 할 수 있는 사소한 것들을 흘려버리고 매달리지 말라.

23 휴먼네트워킹으로 NQ를 높여라

"성공하고 싶으세요? 그러면 성실한 사람, 동시에 유능한 사람이 되시고 휴먼네트워킹을 바로 시작하십시오."

내가 강의를 시작할 때 마다 늘 외치는 이야기다.

일상생활 속에서 만나는 각계각층의 사람들과의 관계를 지속적이고도 우호적으로 유지 · 발전시켜 나가는 것을 우리는 '휴먼네트워킹' 이라고 한다. 휴먼네트워킹을 잘하면 인간관계가 풍부해지고 사회생활에서 가장 중요한 인적자원이 형성된다. 인적자원을 잘 네트워킹하는 것이 21세기 성공의 관건이다.

이러한 휴먼네트워킹을 효과적으로 하는 데는 원칙과 전략이 필요한데 마음에 담아 두어야 할 몇 가지 원칙은 다음과 같다.

1) 주고 받되 먼저 상대방에게 도움을 줄 수 있는 자세를 지닌다

2) 약속은 반드시 지킨다

3) 당당하게 대한다

4) 많이 듣고 적게 말한다

5) 같은 접촉과 만남이라도 차별화한다

　　위와 같은 원칙 하에서 추진할 전략은 다음과 같다.

1) 용기를 가지고 접근하라! 상대방과의 관계는 접촉에서부터 시작된다.

2) 기회가 있을 때마다 접촉하라! 많이 만나는 사람이 더 친해지기 마련이다.

3) 철저한 인맥관리 시스템을 구축하라! 휴먼네트워킹은 인맥관리에서 비롯된다.

4) 좋은 이미지를 갖도록 노력하라! 첫 인상은 매우 중요하다.

5) 커뮤니케이션 스킬을 길러라! 같은 접촉이라도 스킬에 따라 결과가 달라진다.

　　휴먼 네트워킹은 가장 적은 비용으로 가장 큰 효과를 가져다 줄 수 있는 성공의 지름길이다. 물론 가장 중요한 것은 실천이며 이것은 바로 여러분의 몫이다. 여러분들이 하고 있는 사업의 성공은 사람들과의 인간관계를 어떻게 성공적으로 네트워킹 하느냐에 달려있다. 매일 만나는 사람들과의 관계를 잘 관리하고 네트워킹 하면 여러분에게 보이지 않는 자산이 눈에 띄게 늘어날 것이다.

　　주변의 좋은 사람과 네트워킹하는 것은 마치 내 컴퓨터를 다른 사람의 컴퓨터 데이터베이스에 연결하는 것과 같다. 내가 모르는 사람이나 지식도 내가 네트워킹하고 있는 사람들의 도움을 받게 되면 매우

쉽게 알 수 있다.

최근의 베스트셀러 『링크』라는 책의 작가 '바바라시'는 인간관계를 올바르게 네트워킹하고 있는 사람의 경우는 전 세계에서 어느 누구라도 다섯 단계를 거치게 되면 연결할 수 있다고 얘기한다.

한번 상상해 보라. '나는 과연 내가 원하는 누구라도 다섯 단계를 거치면 만날 수 있을까' 라고……

만일 여러분이 다섯 단계 만에 누구라도 만날 수 있다면 나름대로 휴먼네트워킹을 잘 해왔다고 보면 된다. 하지만 여기에 미치지 못한다면 더 열심히 휴먼네트워킹 해야 한다. 휴먼네트워킹은 누구나 축적할 수 있는 무형의 재산인 동시에 성공을 향한 지름길이다.

*✳성공을 위한 명상노트 - 휴먼네트워킹

||||| 자신을 완성시키려면 정신적으로는 물론 다른 사람과의 관계도 잘 맺어야만 합니다.
다른 사람들과 교제를 맺지 않고 또한 다른 사람에게 영향을 미치거나 영향을 받지
않고서는 자신을 살찌워나갈 수 없기 때문입니다. ―톨스토이

||||| 인간은 상호관계로 묶어지는 매듭이요, 거미줄이며, 그물이다. 이 인간관계만이 유일
한 문제이다. ―생텍쥐페리

||||| 인생에서 중요한 것은 좋은 스승, 좋은 친구, 좋은 아는 사람을 많이 가지는 일이다.
그리고 그 인간관계의 포인트는 정직과 감사이다. ―다케우치 히토시

||||| 상대방에 주는 자기의 인상을 조심하고 걱정하는 것은 당신을 주인공으로 내세운 까
닭이다. 대개 사람의 호감이란 먼저 남이 표시해 준 것에 대한 반응으로서 나타나는
것을 알아야 한다. 자기가 기다릴 것이 아니라, 당신이 먼저 주라. ―로렌스

24

'아침형'의 삶을 살라

일찍 일어나는 새가 많은 모이를 얻는다는 말처럼 부지런한 사람이 성공할 가능성이 높다. 그래서 성공하려면 남들보다 일찍 일어나서 활동할 것을 권한다.

아침 일찍 일어나서 하루를 시작하는 사람은 여러 가지 이점을 누릴 수밖에 없다.

첫째, 아침 일찍 직장에 출근하면 어떤 방해도 받지 않는 자기만의 시간을 확보할 수 있다. 아침에 방해받지 않는 1시간은 일과 중의 3시간 이상의 효과를 발휘한다. 혼자서 조용히 집중적으로 일을 하거나 필요한 공부를 할 수 있기 때문이다.

일단 일과가 시작되면 걸려오는 전화, 잦은 미팅, 방문하는 손님, 윗사람으로부터의 지시 등으로 바쁘게 하루를 보내기 때문에 자신만의 시간을 확보할 수 없다. 정신없이 시간에 쫓겨 출근한 사람과 여유롭게 출근해서 자기 정리와 준비를 한 사람 중 누가 하루를 알차게 보내겠는가?

둘째, 일찍 출근하게 되면 복잡한 출근 시간을 피할 수 있기 때문에 출근 시간이 30~40% 이상 단축된다. 버스나 지하철을 타는 경우에는 복잡한 정도가 훨씬 덜하기 때문에 출근 중에 느끼는 피로감이 크게 줄어든다. 누구나 한 번쯤은 경험해본 일이겠지만, 가장 복잡할 때 출근을 하는 일은 참으로 힘들도 곤혹스런 일이다.

셋째, 일찍 출근하게 되면 주변 사람들이 자신을 호의적으로 생각하게 된다. 즉, 후광효과(Halo Effect)를 얻을 수 있다. 일찍 출근하는 사람은 주변의 많은 사람들에 의해서 부지런한 사람으로 인식되며 시간이 흐를수록 더 많은 사람들에게 확산되어 긍정적인 이미지를 형성하게 된다.

필자의 경험으로 보았을 때 서양의 경우도 성공한 사람들의 대부분은 '일찍 일어나는 새'에 해당하는 사람들이었다. 국내에서도 훌륭하게 성공한 사람들 대부분은 부지런한 분들이었다. 일어나는 시간을 한꺼번에 당기려다 보면 몸에 무리가 갈 수 있으므로 조금씩 일정기간 동안 줄여 나가는 것이 좋다.

내 경우를 예로 들자면, 늘 5시경에 일어나 30분 정도 달리기를 한 후에 식사하고 출근하면 7시경에 직장에 도착하는 습관을 길러 왔다. 지금은 물론 직장에 얽매인 삶에서 벗어났지만, 여전히 같은 생활 패턴을 유지하고 있다. 그 이유는 남들보다 일찍 시작한 아침 시간이 내 능력을 향상시킬 수 있는 절호의 기회를 제공한다는 사실을 온 몸으로 느끼기 때문이다.

아침은 자신이 하고 있는 업무의 점검, 부족한 부분에 대한 자기계발을 꾸준히 할 수 있는 유일한 시간이다. 만약 여러분이 성공을 꿈꾸고 있다면, 남들보다 하루를 일찍 시작하는 습관을 만들어라. 부지런한 사람이 성공할 확률이 높다.

일찍 일어나는 것은 습관이며 노력의 산물이다. 한 달에 10분씩만 일찍 일어나는 습관을 권하고 싶다. 1년이면 두 시간 정도를 단계적으로 무리 없이 앞당겨 일어날 수 있다. 그런 노력이 여러분의 성공을 앞당겨 줄 것이다.

오늘부터 실천하라. 단 그러려면 평소보다 일찍 잠들어야한다. 그러기 위해선 생활의 절제력이 필요하다. 절제의 시작이 성공의 문이다.

성공을 위한 명상노트 - 부지런함

▥ 근로가 잠들면 빈곤은 창으로 들어온다. ─라이닉

▥ 근면과 성실로 재산을 모은 것은 신의 섭리에 어긋나지 않는다. ─캘빈

▥ 근면이야말로 태만, 불성실, 빈곤의 세가지 부끄러움을 쫓아줍니다. ─볼테일

▥ 위대한 사람이 단번에 그와 같이 높은 곳에 뛰어 오른 것은 아니다. 동료들이 단잠을 잘 때 그는 깨어서 일에 몰두했던 것이다. 인생의 묘미는 자고 쉬는 데 있는 것이 아니라, 한 걸음 한 걸음 앞으로 나아가는데 있다.
무덤에 들어가면 얼마든지 자고 쉴 수 있다. 자고 쉬는 것은 그때 가서 실컷 하도록 하자. 살아 있는 동안은 생명체답게 열심히 활동하자. 잠을 줄이고 한걸음이라도 더 빨리 더 많이 내딛자. 높은 곳을 향해, 위대한 곳을 향해. ─ R. 브라우닝

▥ 큰 재주를 가졌다면 근면은 그 재주를 더 낫게 해줄 것이며, 보통의 능력밖에 없다면 근면은 부족함을 보충해 줄 것이다. ─ J. 레이놀즈

Chapter 2
제2부 유능편

성공을 위한 강한 씨앗

21세기는 매우 다양한 직업이 공존하는 시대다. 다양성이 보장되는 시대에 자신만의 고유한 브랜드를 개발하는 것은 부의 축적에도 커다란 도움이 되지만, 무형의 자산으로서 자신에 대한 자긍심을 높여줄 것이다. 퍼스널 브랜딩은 개인 경쟁력을 높여 성공으로 나아갈 수 있는 강력한 기반임을 잊지 말자.

'잉글랜드'의 프로축구 리버풀에서 활약하는 국가대표 선수인 오웬 한 사람의 연봉이 대한민국 국가대표 선수 전체의 연봉보다 많다는 사실을 기억하라!

capability

1

전문성으로 승부하라

    성실 못지않게 중요한 성공 인재의 요건은 유능이다. 유능은 자신의 분야에서 일등이 되는 것이다. 그런데 실제로 일등이 되는 것은 쉬운 일이 아니다. 하지만 일등이 되도록 노력하는 자세는 반드시 그 사람을 정상의 자리로 안내할 것이다.

    자신이 맡고 있는 분야에서 일등이 되는 길은 부단히 연구하고 노력하는 방법 밖에는 없다. 대충대충 일하면서 그 분야에서 최고가 되겠다는 생각은 버려야 한다. 자신의 분야에서 최고의 자리에 오른 사람은 불철주야 그 분야의 전문가가 되기 위해 최선의 노력을 한 사람들이다.

    '다이하드' 라는 영화를 기억하는가? 미국 로스엔젤레스에 있는 최첨단 하이테크 기술의 집합체 나카토미 빌딩, 그 빌딩 금고에 보관된 막대한 금품을 노린 테러리스트들이 인질과 빌딩을 장악하면서 영화는 시작한다. 뉴욕 경찰 '존 맥클레인'이 테러리스트들을 소탕하기 위해 가장 먼저 찾은 사람은 누구일까? 그가 가장 먼저 찾은 사람은 바로 나카토미 빌딩 전체를 훤하게 잘 알고 있는 빌딩 설계자다.

첨단 기술이 총동원된 자동제어시스템이 완벽하게 가동되는 빌딩, 이를 장악한 테러리스트. 존 맥클레인이 이들을 소탕하기란 거의 불가능해 보인다. 그러나 우리의 주인공은 나카토미 빌딩을 총체적으로 알고 있는 빌딩 설계자의 지식에 힘입어 자동제어시스템을 피해 테러리스트들이 있는 빌딩 중심부로 쳐들어간다.

나카토미 빌딩 설계자가 바로 자신의 분야에서 일등을 한 전문가다. 나카토미 빌딩이 어떤 분야의 조직과 시스템이라면, 빌딩 설계자는 그 조직의 시스템에 관해서는 최고인 것이다.

21세기에는 자기 분야에 전문가가 되지 않으면 경쟁력이 떨어져 결국은 살아남지 못한다. 스스로의 몸값을 낮추는 결과를 초래하는 것이다. 즉, 자기 분야에서 최고가 되겠다는 굳은 결심과 노력이 성공의 필수 요건인 것이다.

생산 부서에 있는 사람이라면 생산에 관한 한 자신을 능가할 사람이 없다는 평가를 받을 정도로 전문성을 갖춰야 하며 마케팅 부서에 있다면 가장 빠른 시간 내에 마케팅의 최고 전문가가 되도록 노력해야 한다.

전문성 확보와 함께 늘 염두에 두어야 할 분야는 경영이다.

여러분이 몸담고 있는 조직에는 경영자가 있을 것이며, 그 경영자는 여러분의 조직을 경영하고 있다. 경영은 쉬운 것 같으면서도 대단히 어려운 분야다. 전문성을 확보하고 있는 사람이 경영에 대한 식견도 갖추면 대단한 경쟁력을 보유하게 된다. 생산 라인에 근무하면서도 회사 전체의 경영에 대해 폭넓게 이해하고 있다면 장래 훌륭한 CEO가 될 수도 있다는데 이의를 제기할 사람은 없듯이 말이다.

경영을 이해하기 시작하면 경영환경에 해당하는 경제 쪽에도 눈을 돌려야 한다. 경영은 경제의 3대 주체인 기업, 가계, 정부 중에서 기업에 대한 운영기법이기 때문이다.

따라서 시간이 나는대로 경제의 흐름을 잘 이해하는 노력은 개인의 경쟁력을 높이는데 매우 유효하다.

성공을 위한 명상노트 - 전문성

▓ 각고의 노력을 아끼지 않는 비상한 능력, 그것이 바로 천재의 모든 것이다. 인간이 현
명해지는 것은 경험에 의해서가 아니라, 경험에 대처하는 능력에 따라서다. 자신이
가진 능력과 재질을 힘껏 발휘하자. 변화무쌍한 이 불안정한 세계에서 살아남을 가장
튼튼한 기초 재산은 오로지 자기 스스로에 대한 믿음뿐이다. -G. 버나드 쇼

▓ 당신에게 부족한 것은 다른 것으로 메우도록 하라. 어떤 능력이 부족하기 때문에 다
른 방법으로 유능하게 된 예는 얼마든지 있다. 공부를 못했기 때문에 운동 방면으로
나아가서 성공한 사람도 있고, 대학을 가정 사정으로 중퇴한 탓으로 상업계로 나가서
몇 년 후에는 큰 상점의 주인이 된 사람들도 있다. -로렌스

▓ 무슨 일이든지 한 가지 일에 능통 하라. -경행록

▓ 벼슬자리가 없는 것을 근심할 것이 아니라 그 자리에 앉을 만한 능력을 근심하라. 자
기가 남들에게 알려지지 않는 것을 근심할 것이 아니라 알려질 수 있는 실력을 갖게
되기를 바라라. -공자

▓ 재능은 오랜 노력의 결과로 얻어진 선물이다. 재능은 남이 하기 어렵다고 하는 것을
꾸준히 해내는 능력이다. 재능은 근면과 노력과 인내에 의존해서 얻어진 능력이다.
그래서 재능은 고독 속에서 이루어진다. 재능을 감추지 말자. 재능은 사용되기 위해
서 존재하는 것이다. 그늘에서는 해시계가 무용지물이듯이, 발휘되지 않는 재능 또한
마찬가지이다. 재능은 신선한 물이 끊임없이 샘솟는 샘물과 같다. 그 샘물을 올바르
게 사용하여 능력있는 인간이라는 평점을 받고 살도록 하자. -G. 플로베르

▓ 프로는 자기 일에 일생을 걸며, 자기 일에 자부심을 가지며, 선견지명을 갖고 일을 하
고, 실수를 최소로 줄이며, 목표를 중심으로 일하며, 목표를 향하여 전력 투구하며,
결과에 책임을 지며, 보수나 수입이 성과에 따라서 주어지며, 자기 스스로와 싸우며,
능력 향상을 위해 항상 노력하는 사람이다. -프로의 길 10계명

2 지식? 깊게 파기 위해 넓게 판다

　전문가가 되는 것은 깊은 우물을 파는 것과 같다. 그러나 깊은 우물은 그 자리에 서서 밑으로 삽질만 계속한다고 해서 팔 수 있는 것이 아니다.

　만일 한 사람이 삽 한 자루로 깊은 우물을 판다고 가정하자. 그 자리에서 그대로 서서 밑으로만 파내려 갔을 때 그 사람은 얼마나 깊은 우물을 팔 수 있을 것 같은가? 아마도 1미터 정도 밖에는 파내려 갈 수가 없을 것이다. 본인이 움직일 수 있는 반경이 제한되어 있기 때문이다. 보다 깊은 우물을 파기 위해서는 처음부터 넓게 파야 한다.

　전문성도 이와 같다. 보다 다양하고도 넓은 분야에 대한 이해가 있어야만 전문성이 깊어진다. 다양한 분야에 대한 지혜를 쌓는 방법에는 책을 읽는 것이 가장 간편하고 좋다. 그래서 필자는 늘 한 달에 최소한 4권 이상의 책을 읽으라고 권한다.

한 달에 4권을 읽으면, 1년에 48권의 책을 읽는 셈이 된다. 결코 적지 않은 숫자다. 일주일에 한 권의 책을 읽는다는 것이 쉬운 일이 아니지만, 진정으로 경쟁력을 갖춘 인재로서 성공을 꿈꾸고 있다면 이 정도의 책은 반드시 읽어야 한다.

경쟁력 제고를 위해서 독서는 참으로 유용한 도구다. 책을 선택할 때는 자기의 전공 분야와 전공과 관련된 분야 그리고 기본 교양을 쌓을 수 있는 책 순서로 정하라.

독서는 습관이다. 처음에는 한 권의 책을 읽는 것도 꽤나 시간이 걸리고 힘들지만 일단 책 읽는 습관을 들이고 나면, 속도도 빨라지고 새로운 지식을 습득하는 재미에 푹 빠지게 된다.

독서는 새로운 지식과 간접 경험을 습득할 수 있는 가장 좋은 수단이다. 그리고 독서는 새로운 지식물결에 편승하고 세상의 흐름을 읽을 수 있는 기회다. 그래서 여러분에게 책 읽는 습관에 대해서 다음과 같은 조언을 드리고 싶다.

첫째, 매달 4권의 책을 반드시 산다.(책을 사는 날을 하루 정한다.)

둘째, 한 주에 한 권씩은 꼭 읽는다.

셋째, 읽다가 중요한 부분은 반드시 줄을 그어둔다. 필요한 부분은 따로 메모를 하는 것도 좋다.

넷째, 일주일에 한 권을 읽다가 다 못 읽었을 때는 읽던 책의 목차와 머리말을 다시 한번 살핀 후에 책꽂이에 꽂아 둔다.

다섯째, 두 번째 책을 같은 요령으로 읽는다.

여섯째, 한 달 후에 또 다른 네 권의 책을 사서 같은 방법으로 읽는다.

위와 같은 방법으로 꾸준히 책을 읽으면 다음과 같은 몇 가지 좋은 점을 얻게 된다.

첫째, 책에 대한 거부감이 사라지고, 책과 친해진다.

둘째, 다양한 책을 통해 지식을 함양할 수 있다.

셋째, 책에 표시해 놓았던 정보가 자신의 전문성과 경쟁력을 높이는데 매우 유용하게 쓰인다.

정보가 홍수처럼 범람하는 시대를 살아가면서 개인의 경쟁력을 제고시키기 위한 가장 효율적인 방법은 역시 독서다. 편협한 전문가는 시대의 물결이나 시장의 흐름에 금방 둔감해질 수 있다. 다양한 지식이나 경험을 자신의 것으로 만들기 위해서는 부단한 독서 외의 다른 길은 없다.

✳성공을 위한 명상노트 – 연구

||||| 타고난 능력이란, 자연계의 초목과 같아 항상 탐구로써 가지를 쳐야 한다.
　　– F. 베이컨

||||| 훌륭한 책은 독자에게 많은 경험을 주기 때문에 읽고 난 다음에는 약간의 피로를 느끼게 한다. 그런 책을 읽을 동안 독자는 보통 인생의 몇 배나 되는 인생을 사는 것이다. –윌리암 스티론

||||| 정선(精選)하여 읽혀진 작은 책 안에 얼마나 거대한 부가 잠재되어 있는가? 수천 년 동안 문명국에서 선택된 가장 현명한 사람들, 그들의 지혜의 소산이 잘 정리된 채 우리에게 주어져 있는 것이다. 우리는 우리의 생활에 있어서 가장 중요한 정신적 기반을 올바른 책에서 얻을 수 있다. –에머슨

||||| 다른 사람이 쓴 책을 읽는 일로 시간을 보내라. 다른 사람이 고생을 하면서 깨우치는 것을 보고 쉽게 자신을 개선시킬 수 있다. –소크라테스

3 인생이라는 산에 오르기 위해

인생은 한 번뿐이며, 과거는 되돌아오지 않는다. 재방송이 없다는 뜻이다. 한 번뿐인 인생을 소중히 살기 위해서는 자신의 인생 목표를 되도록 빨리 정하는 것이 좋다. 물론 인생이 맘먹은 대로 되는 것은 아니지만, 목표가 있는 것과 없는 것은 다르다. 목표가 있고 분명한 사람이 성공할 확률이 높다. 새로운 산에 오르려는 사람이 아무런 준비나 각오 없이 무작정 오르는 것보다 사전에 목표를 분명히 세우고 조사를 해서 준비물을 챙긴 후 등산하는 것이 더 빨리 정상에 다다를 수 있지 않을까?

가능하다면 어려서부터 부모님이 함께 머리를 맞대고 자녀의 꿈을 들어보고 실현 가능한 방향으로 목표를 세워주는 것이 바람직하다. 목표가 어려서 결정되면 진학하는 방향도 자연스럽게 결정되기 때문이다. 목표가 정해지지 않으면 진학할 때도 우왕좌왕 하면서 시류에 따르게 된다. 물론 살다 보면 생각하지도 않은 장애물이 나타나서 방향을 바꿀 수밖에 없는 경우가 생기기도 할 것이다. 그러나 인생의 큰 목표가 명확하게 정해져있으면 장애물이 나타났을 때는 잠시 쉬었다 가면서 시간과 방법의 차이는 있을지라도 목표에 도달할 수 있다.

여러분에게는 인생의 목표가 있는가? 당장 대답이 떠오르지 않는다면 그것은 없는 것과 마찬가지다. 성공하고 싶다면, 지금이라도 인생의 목표를 정하라!

인생의 목표를 설정하는 데는 몇 가지 단계가 있는데 그것은 다음과 같다.

첫째, 자신이 진정으로 하고 싶은 것을 찾아내라. 누구나 어려서부터 하고 싶었던 일이 있게 마련이다. 마음 속 깊이 내재되어 있는 자신의 희망을 꺼내라.

둘째, 자신의 강점과 약점, 장점과 단점을 있는 그대로 나열하면서 자신을 점검하라.

셋째, 자신의 조건과 환경을 분석하라. 자신이 지니고 있는 환경과 조건을 허심탄회하게 정리·분석하라.

넷째, 현실적인 대안을 정하라. 조건과 환경에 맞는 현실적인 대안을 잘 찾아내는 것이 중요하다. 현실을 무시한 의사결정은 이상에 불과하다.

다섯째, 목표 달성을 위한 구체적인 방안을 열거해보라. 목표나 대안이 선정되면 목표를 달성하기 위한 방안이 구체적으로 마련돼야 한다. 실천 방안이 없는 목표는 뜬구름 잡는 것과 같다. 성공을 꿈꾸는 사람들이 성공하지 못하는 이유는 꿈을 꾸되 꿈을 달성할 수 있는 방안을 모르기 때문이다.

여섯째, 액션을 취하라. 실천방안을 알고 있더라도 실천하지 않으면 아무 소용없다. 실천이 가장 소중한 성공의 요소다.

마라톤으로 세계 최고가 되겠다는 사람이 있다고 가정하자. 그의 꿈은 실력 있는 마라토너다. 그가 꿈을 이루기 위해서 그는 자신의 체력과 성격 등을 꼼꼼하게 분석하고 강점과 약점, 단점과 장점 등을 추려내어 과연 마라토너로서 체력과 인내심 등이 부합하는지를 살펴야 할 것이다.

체력이나 성격이 부합된다면 실력 있는 마라토너가 될 때까지 환경과 조건이 어떠한지를 냉정하게 살펴야 한다. 환경과 여건에 맞게 수립된 전략을 매일 실천해 나가야 훌륭한 선수가 될 수 있다.

*✳성공을 위한 명상노트 - 목표

|||| 정확한 목표 없이 성공의 여행을 떠나는 자는 실패한다. 목표 없이 일을 진행하는 사람은 기회가 와도 그 기회를 모르고 준비가 안되어 있어 실행할 수 없다.
－노만 V. 필

|||| 중요한 것은 큰 뜻을 품고 그것을 완수하기 위한 기능과 인내를 지니는 일이다. 그 밖의 것은 하나도 중요하지 않다. －괴테

|||| 인생은 누구에게도 편안한 것은 아니지만, 그러한 것은 아무렇지도 않다. 인내와 특히 자신을 갖는 것이 필요하다. 우리는 무엇이든 재능을 가지고 있다는 것, 그리고 무엇인가에 어떠한 희생을 치를지라도 도달하지 않아서는 안 될 목표가 존재한다는 사실을 명심해야 한다. －퀴리 부인

|||| 성공의 비결은 목적을 향해 시종일관하는 것이다. 한 가지 목표를 버리지 않고 지켜나간다면 반드시 싹이 틀 때가 온다. 사람이 성공하지 못하는 것은 처음부터 끝까지 한길로 나가지 않았기 때문이지 성공의 길이 험악해서가 아니다. 한마음 한뜻은 쇠를 뚫고 만물을 굴복시킬 수 있다. －디즈레일리

|||| 보이지 않는 과녁은 맞출 수 없으며, 이미 존재하지 않는 목표는 볼 수 없다.
－지그 지글러

|||| 모든 움직임을 계산하고 목표를 잡아 겨냥하라. 완전한 집중이야말로 힘들이지 않고 움직이는 방법이다. －도교

|||| 무엇보다 먼저 불분명한 목표가 아닌 분명한 목표를 가져라. 이 목표가 구체적이고도 확실한 것이 될 때까지 갈고 닦아라. 그것을 항상 당신 마음속에 간직하라. 그러면 당신은 어디로 가든지 그것을 잊지 않을 것이다.
이 목표는 계속적으로 적극적인 생각과 믿음이 필요하다. 분명한 목표가 있다면 당신은 그것을 위해 적극적으로 행동해야 한다. 이것이 바로 성공의 길이다. －노만 V. 필

4 미지의 세계에 던지는 도전장

　조선시대 무신 중에 가장 많은 독서를 했다고 하는 김사우(金師禹)는 "일반적으로 사람이란 새로운 변화가 생기면 그것을 속으로 바라던 것이었는데도 불구하고 그 변화에 자기 자신이 적응할 수 있을까 싶어 불안한 마음에 사로잡히는 법이다."라고 말했다.

　김사우의 명언처럼 사람들은 보통 변화와 불안한 미래를 두려워한다. 그래서 불만이 있어도 현실에 안주하려는 경향이 강하다. 하지만 변화란 처음엔 작아 보여도 대세가 되는 경우가 많다. 그래서 처음에는 저항하다가 결국 아무도 거스를 수 없는 것이 된다.

　하기 싫은 일이나 지긋지긋한 사람과의 관계, 짜증이 나거나 익숙하지 않은 관습에서 벗어나지 못하는 것은 현실이 좋아서가 아니고 미래에 대한 막연한 불안 때문인 경우가 많다. 즉, 현실에 안주해버리려는 것이다. 하지만 삶은 변화의 연속이다. 현실에서 탈출해 새로운 세계로 전진하는 사람은 변화를 두려워하지 않는 사람이다. 성공을 하기 위해서는 변화를 두려워하지 말고 과감하게 자신을 바꿔야 한다.

변화는 처음에는 새로운 기회와 위협으로 우리에게 다가온다. 필자의 경우도 23년동안 몸담았던 대기업을 떠나 새로운 길로 들어섰을 때 기회와 위협이 존재함을 분명하게 느꼈다.

미지의 세계로 떠나는 사람들의 마음도 큰 차이가 없으리라고 생각한다. 그래서 많은 사람들이 현실에 안주하고 편안하게 살기를 원하는지도 모른다. 하지만 세상은 늘 변한다. 그런 변화의 가운데서 본인만 현실에 안주하고 있으면 남보다 앞서서 성공하기 어렵다.

요즈음 이메일과 인터넷을 잘 활용하는 사람과 그렇지 못한 사람과의 경쟁력의 차이가 크다. 컴퓨터가 처음 나왔을 때 사람들은 자신과는 별 관계가 없을 것이라며 외면해버렸으나, 결국 지금 성공한 사람들은 미래의 주류를 간파하고 컴퓨터를 적극적으로 활용한 사람들이다. 그렇지 않은 사람들은 인터넷과 이메일이 처음 소개되었을 때 오프라인만을 고집했다.

변화를 두려워하지 말고 과감하게 받아들여야 한다는 내용의 책, 『Coach Yourself』 저자인 앤서니 그랜트와 제인 그린은 책에서 변화의 중요성을 다음과 같이 강조하고 있다.

첫째, 변화를 이해하라. 즉, 모든 것은 변한다는 것을 이해하고 늘 변화를 받아들여 성공하겠다는 마음을 강하게 가지는 것이 중요하다.

둘째, 자신의 비전을 분명하게 설정하라. 꿈을 간직하고 미래를 예측해 자신이 갈 길을 그려보라.

셋째, 당신이 진정으로 원하는 것이 무엇인지를 찾아서 목표를 분명하게 설정하라.

넷째, 부정적인 생각을 긍정적인 사고로 바꾸려 노력하라. 변화를 이겨내는 것은 긍정적인 사고다.

다섯째, 포기하지 말라. 목표를 정하고 실천의지를 다졌으면 꾸준하게 전진하는 끈기가 필요하다. 포기는 금물이다.

세상은 늘 변한다. 그래서 재미있다. 성공을 성취한 사람은 변화를 두려워하지 않고 그것을 즐기면서 적극적으로 변화를 주도한 사람이다. 역사적으로 볼 때 성공한 사람들은 언제나 역동적인 변화의 중심에서 그 변화를 능동적으로 받아들이거나 변화를 이끈 사람들이었다.

*✳성공을 위한 명상노트 – 변화

||||| 모든 변화는 저항을 받는다. 특히 시작할 때는 더욱 그렇다. –앤드류 매튜스

||||| 계속 행복이나 지혜를 얻기 원하는 자는 계속 변화시켜야 한다. –올리버 골드스미드

||||| 꿈을 갖고 배우며, 변화를 도모하기에 너무 늦은 때란 없다. –디오도어 루빈

||||| 당신이 변하지 않는 한, 이미 갖고 있는 것말고는 아무것도 얻을 수 없다. –제임스 론

||||| 모든 것은 시간과 더불어 변한다. 누구도 같은 강물에서 미역을 감을 수는 없다.
　　–헤라클레이토스

||||| 존재하는 것은 변화시켜야 한다. 변화시키는 것은 성숙하게 만드는 것이다.
　　–헨리 버그슨

5 발상의 전환과 긍정적 아이디어

한국 경제계의 거두 중 한 사람이었던 현대그룹의 고 정주영 회장이 생전에 조선업을 일으킨 일화는 유명하다.

생전의 정주영 회장이 세계적인 선박수주회사의 최고경영자를 찾아가서 선박을 주문해 줄 것을 간청하자 상대방이 이렇게 반문했다.

"한국은 선박을 만들어 보지도 않은 국가인데 무엇을 믿고 주문을 한단 말입니까?"

그러자 정주영 회장은 주머니 속에서 그림 한 장을 꺼내서 상대방에게 보여주며 이렇게 말했다.

"여기에 있는 거북선이 우리 선조가 16세기에 이미 건조했던 배입니다."

결국 정주영 회장은 선박수주회사의 최고경영자를 설득하는데 성공했다.

이 일화는 일반인이 생각하기엔 황당하기 그지없는 이야기 같지만 한사람의 긍정적이고 적극적인 사고가 얼마나 많은 것을 바꾸어 놓는지를 보여주는 대표적인 사례다. 결국 정주영 회장의 남다른 생각과 사고는 결국 우리나라의 선박산업을 세계적인 수준으로 끌어 올렸다.

세상을 살면서 우리는 수많은 생각을 하게 된다. 아침에 눈을 뜨면서부터 밤이 되어 잠자리에 들 때까지, 아니 잠을 자고 있는 중에도 생각이 꿈으로 나타나기도 한다. 끝없는 생각의 연속 속에서 가장 중요한 것은 어떤 관점으로 어떤 생각을 하느냐에 따라 결과는 엄청나게 달라진다는 사실이다.

물 잔에 물이 반쯤 차있는 것을 보고 어떤 사람은 '물이 반밖에 없네' 라고 생각하고, 또 어떤 사람은 '물이 아직도 반이나 남아 있구나' 라고 생각한다. 전자는 사물을 부정적으로 보는 반면에 후자는 매우 긍정적으로 보는 것이다. 객관적으로 물이 반쯤 있다는 점에서 큰 차이가 없으나 물 잔을 보는 사람의 생각과 자세는 행동의 큰 차이라는 큰 결과를 낳는다.

성공하는 사람들은 대부분 세상을 긍정적인 사고와 적극적인 자세로 살아가는 사람들이다.

'나는 할 수 있다. 꼭 성공할 것이다' 라고 생각하면서 살아가는 사람은 성공의 길에 다가갈 수 있지만, '나는 안 돼, 나는 성공과는 거리가 멀어' 라고 생각하는 사람은 실제로도 성공하기 어렵다. 똑같은 대상에 대한 관점에 따라 행동이 전혀 달라지기 때문에 결과도 달라진다.

불교의 말에 '부증불감(不增不減)' 이라는 말이 있다. '세상의 모든 일에는 얻는 것이 있으면 잃게 되는 것도 있다' 는 뜻이다. 즉, '느는 것도 없고 줄어드는 것도 없다' 라는 뜻이다.

이 글의 뜻을 가만히 되새겨보면 세상의 모든 일에는 잃는 것이 있으면 반드시 얻는 것이 있고, 얻는 것이 있으면 반드시 잃는 것이 있다는 의미와 일맥상통한다.

많은 사람들은 어려운 일이 있거나 나쁜 일이 있을 때 부정적인 생각에 사로잡히곤 한다. 그래서 지나치게 낙담하고 실망하고 자신을 학대하는 모습을 많이 보게 된다. 그러나 성공하는 사람들은 나쁜 일이나 좋지 않은 일조차 긍정적인 것으로 바꾸려 노력한다. 그리고 좋은 일이 있더라도 그 반면 잃는 것이 있을 수도 있다는 겸손한 자세로 생활에 임한다.

세상의 모든 일은 노력하면 이룰 수 있다. 라이트 형제가 새처럼 날고 싶다는 바람을 현실화한 것도 인간의 승리였으며, 가까운 달에서부터 멀리 있는 화성까지 우주선을 보낼 수 있었던 것도 인간이 지닌 긍정적 사고의 결과물이다.

어떤 일에 대해 부정적인 시각이 일반적일 때 성공하는 사람들은 다수의 일반적인 생각과는 다른 측면에서 바라보고 생각한다. 정주영 회장이 선박수주를 요청하러 다닐 때 주변 사람들은 어림없는 일, 불가능한 일이라고 말했다. 하지만 정주영 회장은 결국 해냈다. 하고자 하는 간절한 마음으로, 할 수 있다는 긍정적인 사고로 노력했기 때문에 가능한 일이었다.

　사업에서 성공하기 위해서는 '나는 할 수 있다. 꼭 이룰 수 있다. 내가 성공 못하면 누가 하겠는가? 할 수 있다!' 는 마음자세를 지녀야 한다. 어떤 사업이든 긍정적인 생각과 적극적인 사고를 지닌 사람이 성공할 가능성이 크다. 긍정적인 생각과 적극적 사고를 지니고 있는 사람은 눈빛부터 다르다.

　성공을 꿈꾸는 사람이 스스로 사업에 대한 긍정적인 사고와 적극적인 자세를 보이고 행동할 때 고객들은 신뢰감을 느끼게 될 것이고 사업은 번창할 것이다. 사업에서 성공하고 싶다면 자세와 생각부터 바꿔야 한다. 사업에서 성공하는 사람은 분명히 생각이 다르기 때문이다.

*✲성공을 위한 명상노트 – 사고

◀◀◀ 인간은 항상 새로운 것을 생각하지 않으면 인형같이 되어 버린다. –아인슈타인

◀◀◀ 인간의 삶은 그 사람의 생각이 만드는 것이다. –마르쿠스 아우렐리우스

◀◀◀ 다른 사람들과 무리지어 있을 때는 홀로 생각해야 한다는 사실을 명심하고 홀로 생각
　　에 잠겨 있을 때는 다른 사람들과 의견을 나누어야 한다는 사실을 명심해야 합니다.
　　–톨스토이

◀◀◀ 훌륭한 사람과 어리석은 사람의 차이는 불과 한 걸음 차이다. –나폴레옹

◀◀◀ 고정관념에 매달려 있다보면 그것이 옳다는 사실을 증명할 기회를 자꾸만 스스로 만
　　들어 내게 된다. 그러나 일단 한번만 그 고정관념에서 벗어나게 되면, 계속해서 같은
　　문제 때문에 같은 교훈을 배울 필요도 없고 인생 자체도 바뀔 것이다.
　　–앤드류 매튜스

6 Dreams come true!

　사람은 누구나 두 개의 눈을 가지고 있다. 하나는 신체적인 눈이고 다른 하나는 마음의 눈이다. 신체적인 눈은 실제의 사물을 보지만 마음의 눈은 현재와 미래를 동시에 볼 수 있다. 갖고 싶은 차, 갖고 싶은 집, 소유하고 싶은 지위 등 자신의 꿈이 가득한 미래를 보게 된다.

　'젊은이들이여, 야망을 가져라' 라고 선구자는 외쳤다. 야망은 커다란 꿈이다. 꿈도 없이 무언가를 이루는 것은 불가능하다. 분명한 꿈, 이것이 우리의 미래를 밝혀주는 등대다.

　필자는 '성공하고 싶다면, 구체적인 꿈이 있어야 합니다!' 라고 외치곤 한다. 꿈도 없는 사람이 어떻게 성공을 할 수 있으며, 그 성공을 향해 달려갈 힘과 열정이 생기겠는가?

　'어떤 삶을 살 것인가' 를 결정하는 것을 '운' 이나 '우연' 이라고 믿는 사람들도 있다. 물론 운도 있다. 그러나 우연히 성공을 한 사람보다, 꿈을 가지고 자신의 운명을 개척해 성공한 사람들을 우리는 더 많이 볼 수 있다.

사람들이 하늘을 새처럼 날고 싶다는 꿈이 비행기 발명을 현실화했고, 달나라에 토끼를 보러 가겠다는 꿈이 우주선을 만들었다. 그러나 인간의 이러한 '꿈(dreaming)'은 '바라는 것(wishing)'과 근본적인 차이가 있다. '바람'은 수동적이고 소극적인 것이지만 '꿈'은 부단한 노력을 동반하는 적극적인 것이다.

'바람'을 가지고 있는 사람은 운에 운명을 맡기거나 세상이 자신을 알아주지 않는다고 한탄하며 수동적으로 사는 사람일 가능성이 많고, '꿈'을 가지고 있는 사람은 많은 노력을 통해 구체적인 성과로 이끌어내는 적극적인 사람일 가능성이 많다.

『크게 생각할수록 크게 성공한다』의 저자인 데이비드 슈워츠는 그의 책에서 꿈을 현실화하기 위해서는 여섯 단계가 필요하다고 강조하고 있다. 여기서 잠깐 그의 말을 인용해보자.

꿈을 현실화하는 6단계

1단계 – 어떤 꿈의 씨앗을 뿌릴 것인지를 선택하라. 내가 진정으로 원하는 것이 무엇이며 이 꿈으로 내가 얻을 수 있는 것이 무엇인가를 생각하라.

2단계 – 씨앗을 받아드릴 마음의 준비를 하라. 마음의 준비가 잘 돼 있어야 같은 씨앗이라도 더 잘 자랄 수가 있다.

3단계 – 꿈의 씨앗을 뿌려라. 실행에 옮겨라.

4단계 – 꿈에 거름을 줘라. 꿈을 이루기 위한 노력을 하라.

5단계 – 에너지를 집중하라. '하겠다'는 생각을 실천하라.

6단계 – 충분한 시간을 투자하라. 조급하게 굴지 말고 마라톤을 하는 기분으로 실천
하라.

그렇다. 성공하고 싶다면 꿈을 키우고 이루려는 노력부터 해야 한다. 자신에게 맞는 여러 가지 환경과 여건을 고려하면서 각자의 꿈을 키우고 현실화하는 것이 중요하다. 'Dreams come true!(꿈은 이루어진다)'라는 슬로건이 지난 월드컵 때 많은 사람들에게 설득력을 지녔던 이유는 꿈이 실현되는 것을 보았기 때문이다. 성공은 꿈과 함께 시작한다.

*✱성공을 위한 명상노트 – 비전

||||| 꿈이 실현되지 않는 원인은 그 바람이 비현실적이기 때문이 아니라, 그 바람을 실현하고자 하는 의지와 노력이 부족했기 때문이다. –다케우치 히토시

||||| 나는 꿈과 소망이 없는 자들 사이에서 군주가 되기보다는, 실현시킬 포부를 지닌 가장 미천한 자들 사이에서 꿈을 꾸는 사람이 되는 쪽을 선택하리라. –칼릴 지브란

||||| 나이를 먹은 것만으로는 사람은 늙지 않는다. 이상을 잃었을 때 비로소 노화되는 것이다. –사뮤엘 울만

||||| 무한한 가능성을 잉태한 미래에의 관념이, 미래 그 자체보다도 중요한 것으로서, 소유보다도 희망에, 현실보다도 꿈에 한층 더 많은 매력이 발견된다.
　　　–앙리 루이 베르그송

||||| 승자의 주머니 속에는 꿈이 있고, 패자의 주머니 속에는 욕심이 있다. –탈무드

||||| 위대한 일을 성취하려면 행동뿐만 아니라 꿈을 꾸어야 하며, 계획을 세우는 것뿐만 아니라 그것을 믿어야 한다. –아나톨

||||| 네가 진짜로 하고 싶은 일이라면, 절대로 포기하지 마라. 큰 꿈을 가진 사람은 현실에 안주하는 사람보다 강하다. –김용삼

7 싱싱한 사람으로 다시 태어난다

무슨 일을 하든지 사람에게 쉬면서 재충전하는 시간은 자신의 발전을 위해 꼭 필요하다. 그런데 사실 일상생활을 할 때는 자신만을 위한 재충전의 시간을 갖기 어렵다. 늘 현실에 묻혀서 자신을 뒤돌아볼 기회가 거의 없기 때문이다. 따라서 휴가나 휴일을 적절하게 활용해야 하는데, 이때 진정한 의미의 재충전은 육체적인 피로감에서 벗어나는 것과 함께 자신의 좌표를 살펴보고 미래를 설계하는 것, 모두를 말한다.

재충전은 단순히 과거 자신의 모습을 되찾는 것으로는 부족하다. 시대가 빠르게 변하기 때문이다. 미래의 변화를 읽고 준비하는 재충전은 매우 건설적이고 미래지향적인 것이다.

많은 책을 읽고 좋은 분들의 이야기를 청취하며 사색하는 것으로 재충전의 시간을 보내는 것도 좋은 방법이다.

독서는 진정한 의미에서의 정신적인 재충전이다. 독서는 언제 어디서나 할 수 있는 간편한 재충전 방법이다.

좋은 분들에게 좋은 이야기를 듣는 것도 매우 유익한 일이다. 주변의 좋은 사람들과 정기적인 미팅을 하는 것도 훌륭한 방법이다.

마지막으로, 사색이다. 사색을 통해 자신의 꿈을 다시 그려 보고 미래를 설계하는 등 여러 가지 이미지 트레이닝이 가능하다.

주 5일 근무제로 여가 시간이 늘어나 과거보다 재충전의 기회가 많아지고 있다. 중요한 것은 재충전의 기회를 보다 건설적이면서도 미래 지향적으로 활용해야 전혀 다른 미래를 맞이할 수 있다는 점이다.

시대는 끊임없이 변하고 있으며, 그 변화에 능동적으로 대응하기 위해서는 효율적인 재충전의 시간을 보내야 한다는 것을 염두에 두고 늘 육체적으로나 정신적으로 자신에 맞는 재충전을 하기 바란다.

*✳성공을 위한 명상노트 - 재충전

||||| 세계 최대의 재산가인 존 D. 록펠러는 아흔 아홉 살까지 장수하였는데, 그는 매일 낮
12시가 되면 사무실에서 한 시간 동안 낮잠을 자는 습관을 가지고 있었다고 한다.
그가 낮잠 자는 시간에는 미국 대통령이라 할지라도 그와 통화를 할 수가 없었다. 우
리는 휴식이란 쓸데없는 시간 낭비가 아니라는 것을 알아야 한다. 휴식은 곧 회복인
것이다. 짧은 시간의 휴식일지라도 회복시키는 힘은 상상 이상으로 큰 것이니, 단 5
분 동안이라도 휴식으로 피로를 풀어야 한다. ─카네기

||||| 인생에 있어서 가장 재미없는 것은 싱싱하지 못한 인간이다. 피곤해지면 쉬는 것이
좋다. 휴식은 인간에게 필요한 것이다. 모든 사람은 푹 쉴 필요가 있다. 게으름을 피
우는 것은 좋지 않지만 안면(安眠)을 취하지 못하는 것도 나쁘다.
사람들에게 편안한 잠을 주는 것은 중요한 일이다. 그것은 사람들에게 활력을 불어넣
어 주기 때문이다. 활력 있는 인간은 반드시 무엇인가를 이 지상에 남기고 간다. 활력
이 있으면서 아무 일도 안 한다는 경우는 없다. 활력있는 육체, 활력있는 정신, 그것
은 인류 성장의 원동력이고 발전소다. ─부샤노고오지 사네야쓰

||||| 나는 언제나 노동하고 있다. 그리고 늘 생각한다. 내가 항상 어떠한 일에 당면했을 때
당황하지 않고 즉시 처리하는 것은 미리 여러 가지 경우에 대해서 생각해 두었기 때
문이다. 다른 사람이 예상조차 할 수 없는 돌발 사태에 처했을 때에 즉시 내가 해결해
버리는 것은 내가 천재이기 때문이 아니라, 평상시에 있어서의 명상과 반성의 결과
다. 식사할 때나 혹은 극장에서 오페라를 구경할 때도 나는 늘 머릿속에서 움직이고
있다. ─나폴레옹

8 지금은 경제 전쟁 시대

최근 인도네시아 발리에서 개최한 '아세안+한중일 정상회의'는 우리에게 많은 고민거리를 던져준다. 한국 경제구조가 수출 중심의 해외 의존형이기 때문에 아시아를 무대로 경제활동을 펼치면 경제발전을 이룰 수 있을 것이라는 생각을 감각적으로나마 예측했었다. 하지만 나조차도 거대한 잠재 시장으로 일본이나 중국을 제외한 아시아의 다양한 시장에 둔감했던 것은 사실이다.

대통령은 '아세안+한중일 정상회의' 참석 후 아세안과의 자유무역협정(FTA)을 체결함에 있어 근본적으로 자세를 전환해야 한다고 강조했다. 이는 중국과 일본이 아세안과의 자유무역협정 체결을 위해 상당한 노력을 기울여 온 것에 비해, 우리나라는 후발주자로 나서는 것에 대한 반성적 의미를 담고 있다.

세계의 여러 국가들은 자국의 경제 발전을 꾀하기 위해 이미 다양한 형태의 자유무역협정을 맺는 등 단일경제권 형성에 힘써왔다. 실익을 중시하는 미국과 유럽이 선두주자로 가장 발 빠르게 움직여왔고, 중국과 일본도 아세안을 끌어안으면서 아시아 단일경제권 형성에서 헤게모니를 장악하기 위한 다양한 노력을 기울이고 있다.

이렇게 세계 경제는 복잡하고 다양하게 흘러가고 있다. 우리나라가 세계 경제 무대에서 고립되지 않기 위해서는 그 흐름을 잘 읽어야 하며 적극적으로 대응해야 한다.

글로벌 시대에 성공을 꿈꾸고 있는 사람들은 세계 경제와 한국 경제 사이의 긴밀한 연관성을 깊이 있게 이해해야 하며, 그 흐름 속에 숨어있는 경영·경제의 원리를 정확하게 파악해야 한다.

구멍가게 경제와 세계 경제 사이에도 일맥상통하는 경영·경제 원리가 있다. 국내 경제도 역동적인 세계 경제 못지않게 치열하기 때문이다. 작은 구멍가게를 하거나 식당을 하더라도 원재료를 구매하고 가공하고 판매하는 모든 과정이 결국은 경영이고, 경영 방향에 따라 성공과 실패가 결정된다.

따라서 경영을 얼마나 잘 이해하고 그에 따른 기법을 얼마나 잘 활용하느냐에 따라 경영성과가 달라질 수 있다. 필자는 주변의 사람들에게 기회가 있을 때마다 경영에 관한 서적을 읽으라고 권한다. 요즈음에는 만화로 된 서적도 많아 전문가가 아닌 평범한 사람들도 쉽게 접할 수 있다.

경영을 확실히 이해하고 나면 효율적으로 업무를 진행할 수 있다. 뿐만 아니라 재고 관리, 인사 관리가 수월해지고 마케팅 기법과 홍보 전략이 저절로 수립된다. 이것이 발전하면 자기 나름대로 생각하고 있는 것을 일반적인 경영 지식과 비교·검토해 자신에 맞는 독특한 경영 기법을 개발할 수 있는 것이다.

요즘 들어 조그만 가게를 하다가 장사가 잘 돼서 규모를 불렸더니, 얼마 지나지 않아 문을 닫는 사람을 많이 본다. 자기의 능력을 벗어나거나 지식을 벗어나는 사업은 실패 확률이 높다. 이러한 경우 주인이 경영에 대해 조금만 더 연구했더라면 실패를 면할 수도 있었을 것이다. 경영에 대한 폭넓은 연구는 사업 실패의 늪을 미리 알고 피해갈 수 있는 지혜를 주기 때문이다.

사업에서 성공하려면 경영뿐 아니라 경제도 잘 알아야 한다. 경영을 감싸고 있는 것이 바로 경제이기 때문이다. 자신의 사업을 성공적으로 운영하려면 틈틈이 경제에 대한 이해의 폭을 넓히려는 노력을 해야 한다. 경제 흐름을 꿰고 있으면 사업의 현황을 점검하고 미래를 전망할 수 있다는 사실을 명심하라.

경제는 우리 생활에서 한시라도 떼어놓을 수 없는 매우 중요한 요소다. 한국 경제의 현황을 분석하고, 미래를 조명할 줄 아는 사람이 그렇지 못한 사람보다 성공 확률이 높다는데 이의를 제기하는 사람은 없을 것이다. 한국 경제를 이해하려면 경제방송을 꾸준하게 청취하고 경제신문을 하나라도 정기적으로 구독해야 한다. 경제 감각을 익히려면 경제 용어와 친해져야 한다.

경제 전쟁시대를 살면서 경제에 대한 이해가 적다면 당연히 성공할 확률은 적어지게 마련이다. 가정과 직장 그리고 사업에 이르기까지 경영 · 경제적인 마인드는 성공의 열쇠다.

*✳성공을 위한 명상노트 - 경영

▥ 개인이나 집단이 환경의 변화에 제때 적응하지 못하거나 지나친 자만에 빠져 있을 때, 어떤 일이 일어날 수 있는지를 이야기할 때 공룡과 개구리의 경우가 흔히 인용된다.

지구상에서 공룡이 사라진 이유에 대해서는 학설이 분분하지만 거대한 몸집에 비해서 두뇌가 너무 작아 현실에 안주하고 환경의 변화에 적응하지 못해 결국 멸망하게 됐다는 분석이 유력하다. 반면 변온동물이기 때문에 환경적응 능력이 어떤 동물보다 뛰어나지만 바로 그 능력에서 오는 자만 때문에 몰락한다는 게 개구리의 경우.

즉 개구리를 물이 든 냄비속에 넣어놓고 물을 서서히 데우면 수온변화에 따라 조금씩 체온을 바꾸어나가다 더이상 견디기가 어려워졌을 때는 이미 기운이 빠져 냄비 밖으로 뛰쳐나오지 못한다는 것이다.

미국의 거대 컴퓨터회사인 애플사가 더 이상의 적자를 견디지 못해 매각될 것이라는 뉴스는 이 공룡과 개구리의 경우를 다시 한번 상기시키고 있다. 애플은 IBM과 함께 미국뿐 아니라 전세계 컴퓨터 시장을 지배해 오던 기업. 70년대 말과 80년대 초반 개인용 컴퓨터인 애플과 그래픽 기능이 뛰어난 매킨토시를 잇달아 개발, 엄청난 호황을 누리던 이 기업의 멸망은 현실안주와 자만이 낳은 결과였다.

즉 매킨토시가 선풍적인 인기를 끌자 빌 게이츠의 마이크로소프트사 등 경쟁업체를 무시, 다른 컴퓨터와의 호환성을 허용하지 않은 것이 몰락을 자초한 것으로 분석되고 있다. 다른 컴퓨터 업체들은 상호 호환성을 구축함으로써 가격인하와 시장 점유율을 높여나갔는데 반해 애플은 독자적인 하드웨어와 소프트웨어를 고집함으로써 시장을 점차 잃어간 것이다.

IBM이 몰락한 과정도 이와 매우 흡사하다. 월스트리트저널지 기자 폴 캐럴이 쓴 「IBM의 몰락」이라는 책은 우리에게 그 몰락의 과정을 두려울 정도로 여실히 보여주고 있다. 캐럴에 따르면 IBM은 컴퓨터 시장의 환경변화에 따라 스스로를 변화시킬 기회를 여러 차례 가지고 있었으나 그러지 못했으며 『세계에서 가장 이윤을 많이 내고 최고의 존경을 받는 기업인데 왜 변화해야 한다는 말인가』라는 일종의 자기도취에 빠져 있었다는 것이다. 이들 두 기업의 경우는 공룡의 현실 안주와 개구리의 자만이 복합적으로 나타난 것으로 보인다.

격동의 시대에 현실에 안주하거나 자만하면 망한다는 사실은 이제 누구나가 알고 있다. 그러나 그 알고 있는 사실을 과연 실천하고 있는가는 우리 모두가 한번 자문해볼 일이다. -「애플」의 몰락 / 동아일보

||||| 잭 웰치가 처음 GE 회장의 책임을 맡았던 1981년의 GE는 공룡처럼 거대하고 지극히
관료적인 미국의 전형적인 대기업이었다. 외부에서 볼 때 GE는 크고 튼튼한 미국의
우량 기업이었고, 월스트리트에서도 GE를 블루칩 회사로 높이 평가했다.

그러나 잭은 공룡과 같은 GE의 체질로는 다가오는 시대의 격심한 기술 경쟁과 원가
경쟁에서 생존할 수 없다고 판단하고 본격적인 구조조정에 착수했다. 구조조정이라
는 개념이 생소했던 당시에 핵심 역량과 경쟁력을 기준으로 한 GE식의 철저한 구조
조정은 가히 혁명적이었으며, 잭 웰치는 많은 사람들의 눈에 과격한 이단자로 비쳐졌
다. '중성자탄 잭'이라는 별명으로 불린 만큼 엄청난 혹평에도 불구하고 그는 추호의
흔들림도 없이 GE의 대대적인 혁신을 추진해 나갔다.

당시 GE는 세계 경쟁 순위에서 1위나 2위가 되지 못하는 사업들을 우선적으로 매각
했으며, 아무리 초우량 산업이라 하더라도 다변화와 통합성 기본 원칙에 맞지 않는
사업, 즉 상호간의 통합성과 시너지 효과가 없는 사업들은 과감하게 처분했다.

-"잭 웰치의 끝없는 도전과 용기" 중에서

9 성공하는 사람들의 '이기적 DNA'

세계적인 생물학자인 리처드 도킨슨은 그의 저서 『이기적 유전자』라는 책에서 동물과 인간이 진화하고 발전하는 기본적인 동기가 유전자를 보존하기 위한 이기심이라고 주장했다. 그의 말처럼 인간은 철저하게 이기적인 동물인지도 모른다. 아니 모든 동물이 그러한 속성을 지니고 있는지도 모른다.

성공하려는 사람은 철저히 이기적이어야 한다.

냉정하게 들릴지 모르지만 사실이다. 사회봉사도 좋고, 세계평화도 좋지만 가장 먼저 자신이 경제적으로 자립하지 않으면 남에게 의존하거나 남에게 피해를 줄 수밖에 없지 않은가?

모든 사람이 그런 것은 아니지만, 도움을 받을 때는 칭찬하다가도 도움을 준 사람이 망하거나 그 사람이 운영하는 기업이 파산하고 나면 오히려 더 많은 손가락질을 하는 경우를 많이 목격하곤 한다.

기업도 마찬가지다. 기업의 궁극적인 목표는 이익을 극대화하는 것이지 사회 공헌이 아니다. 기업이 이익을 내지 못하고 쓰러지고 난 후에는 아무도 그 기업을 좋은 기업이었다고 기억하지 않는다.

개인이든 기업이든 충분히 돈을 번 후에 사회에 공헌하는 것이 길게 보면 옳은 것이다.

세상은 냉정한 곳이다. 사회생활을 하면서 개인과 기업은 모두 철저하게 이기심으로 무장해야 성공할 수 있다. 나부터 자립하고 내 기업이 튼튼해 진 후에 남을 위해 사회에 봉사할 수가 있는 것이다.

가끔 우리 주변에서 수 십 년 동안을 삯바느질을 하거나 식당을 꾸려서 모은 돈을 사회에 환원하는 분을 본다. 그 분들이 부지런히 일하고 돈을 모을 때 주변에서 '짠돌이' 소리도 많이 들었을 것이다. 그러나 어렵사리 모은 돈을 선뜻 사회에 환원하는 그 분들을 보면서 누가 감히 '짠돌이' 라고 말할 수 있겠는가?

사회에 봉사하는 정신도 좋고, 사회에 환원하겠다는 기업도 좋다. 하지만 나도 잘 살고, 기업도 잘 되고 난 후에 자기 주변과 사회에 관심을 가지는 것이 궁극적으로 사회에 기여하는 바가 더 크다고 생각한다.

사회에 공헌하고 주변에 좋은 일을 많이 하고 싶다면 성공할 때까지는 지극히 이기적으로 살 것을 권한다.

*✳성공을 위한 명상노트 – 절약

▮▮▮ 가지고 싶은 것은 사지 마라. 꼭 필요한 것만 사라. 작은 지출을 삼가하라. 작은 구멍이 거대한 배를 침몰시킨다. –프랭클린

▮▮▮ 깨끗한 행실도 닦지 못하고, 젊어서 재물을 쌓아 두지 못하면 고기 없는 빈 못을 속절없이 지키는 늙은 따오기처럼 쓸쓸히 죽어 간다. 또한 못쓰는 화살처럼 쓰러져 누워 옛일을 생각한들 무슨 수가 있겠는가. –법구경

▮▮▮ 에페소의 알테미스 신전은 빚쟁이에게 쫓기는 사람에게 은신처를 제공하고 안전을 지켜 준다. 그러나 '검약'이란 신성한 은신처는 이 세상 어디에나 그 문을 활짝 열어 놓고 양식 있는 사람들을 위해 즐겁고 넓고 안락한 장소를 제공해 준다. –플루타크

10

버스는 다시 돌아오지 않는다

"흔히 사람들은 기회를 기다리지만, 기회는 기다리는 사람에게 잡히지 않는 법이다. 우리는 기회를 기다리는 사람이 되기 전에 기회를 먼저 찾아야 한다. 그러려면 기회를 볼 줄 아는 안목과 실력을 갖춰야 한다."

도산 안창호 선생께서 하신 말씀이다. 세상 모든 일에는 타이밍이 있다. 봄에 뿌려야 하는 씨앗은 봄에 뿌려야 좋은 열매를 맺으며, 기차는 제 시간에 가야 탈 수 있다. 한 번 놓친 기회는 다시 돌아오지 않으며, 한 번 떠난 기차는 다시 탈 수 없다. 성공하기 위해서는 기회를 볼 줄 아는 안목과 실력을 갖춰야 한다.

성공한 사람들은 사람의 심리를 잘 읽는다는 공통점을 지니고 있다. 가정에서는 가족의 마음을 잘 알고 다스려야 화목한 가정을 이끌

수 있으며, 기업을 경영할 때는 직원의 심리 상태를 잘 파악해야 적절한 동기를 부여할 수 있다. 결과적으로 적절한 동기부여는 직원들이 제 능력을 양껏 발휘할 수 있게 해주며, 기업의 이익은 극대화된다. 어떤 제품을 개발할 때도 고객의 니즈(Needs)를 잘 파악해야 성공할 수 있다.

타이밍을 잘 맞추는 것은 행운이 아니라 준비다. 기회는 누구에게나 찾아오지만 준비된 사람만이 잡을 수 있는 것이다. 물론 태어날 때부터 동물적인 감각을 지니고 있는 사람도 있다. 주로 대기업의 창업자들이 이런 부류에 속하는데 이것을 '직감력(Intuition)'이라고 한다. 우리나라의 유명한 대기업 창업자인 고 이병철 삼성그룹 회장이나 고 정주영 현대그룹 회장이 이에 속한다. 비록 배움의 기회는 적었지만, 세상의 흐름을 직감적으로 느끼고 사업 성공의 기회를 잡아 대성한 경우다.

하지만 이러한 탁월한 성공 직감력을 지닌 사람은 소수다. 대부분의 사람들은 노력으로 이러한 재능을 길러야하는데, 타이밍을 아는 기술도 마찬가지다.

타이밍을 잡기 위한 자세와 요령은 다음과 같다.

첫째, 늘 준비하라. 목표를 세우고 나면 그 목표를 달성하는데 필요한 덕목들을 준비해야 한다. 낚시를 하려면 낚시도구를 챙겨둬야 하는 것과 같다. 준비된 낚시꾼에게 더 많은 기회가 포착되기 마련이다.

둘째, 상대방의 장점을 즉시 칭찬하라. 식기 전에 하는 칭찬은 효과가 있지만, 시간이 지난 후에 하는 칭찬은 그만큼 효과가 반감된다.

셋째, 상사나 고객이 화나 있을 때는 시간을 두고 상대방이 진정했을 때 이야기하라.

넷째, 순간의 기회를 포착하는 유머감각을 길러라. 어려운 협상 테이블에서나 고객과의 대화 중에 적절한 타이밍에 유머감각을 발휘하면 상황이 크게 호전되는 경우가 많다. 유머는 책을 통해 익히거나 좋은 유머를 들었을 때 기억해두는 방법을 사용하라.

다섯째, 행동하는 사람에게 기회가 찾아 올 확률이 높다! 생각만 많이 하고 행동에 옮기지 않으면 아무런 소용이 없다.

*☀성공을 위한 명상노트 - 기회

▥ 하늘은 필요할 때마다 은혜를 베푼다. 신속히 이것을 포착하는 사람은 운명을 개척한
다. ―괴테

▥ 현명한 사람은 자기 자신에게 주어지는 것보다 많은 기회를 만든다.
―프란시스 베이컨

▥ 아침에 일찍 일어나지 않으면 그날 일을 다할 수가 없다. 오늘 일을 오늘 하지 않고
내일로 미루기 시작하면 결국 시대의 물결을 쫓지 못하고 뒤떨어지게 된다. 많은 사
람들이 그에게 주어진 기회를 잡지 못함은 오늘 일을 내일로 미루기 때문이다. 봄에
갈지 않으면 가을에 거둘 것이 없다. 사람들이 늘 새로운 마음으로 진실되고 보람있
는 생활로 들어서려고 결심을 하고서는 막상 실행하지 못함은 의지가 약한 탓이다.
굳은 의지가 없이는 아무 것도 할 수 없다는 것을 깨달아야 한다. 의지가 약한 것은
인내력이 부족한 탓이다. ―스마일즈

▥ 인생에 있어서 기회가 적은 것은 아니다. 그것을 볼 줄 아는 눈과 붙잡을 수 있는 의
지를 가진 사람이 나타나기까지 기회는 잠자코 있는 것이다. 비록 재난이라 할지라도
그것을 휘어잡는 의지있는 사람 앞에서는 도리어 귀중한 가능성을 품고 있는 것이다.
부모의 유산도 자식의 행복을 약속해 주지 않는다. 우리는 우리가 상상하는 이상으로
자신의 운명의 열쇠를 가지고 있는 것이다. ―로렌스 굴드

▥ 기회는 배를 타고 오지 않고, 우리들 내부로부터 온다. 기회는 또 전혀 기회처럼 보이
지 않고 불행이나 실패나 거부의 몸짓으로 변장해서 나타난다. 비관론자들은 모든 기
회에 숨어 있는 문제를 보고, 낙관론자들은 모든 문제에 감추어져 있는 기회를 본다.
―데니스 웨이틀리

▥ 많은 경영자들이 시기를 잘못 선택해서 실패하는 것을 봐왔습니다. 어떤 경영자는 좀
더 많은 정보를 수집했어야 하는데도 불구하고 너무 성급히 행동했기 때문에, 또 어
떤 이는 많은 정보를 가지고서도 너무 기다렸기 때문에 기회를 놓쳤습니다. 시간을
맞추는 것은 매우 중요한 것입니다. ―아이아코카

11

나무와 숲

성공하는데 경제에 대한 이해는 선결조건이다. 경제를 이해하는 정도에 따라 경제 패러다임을 감지하는 능력이 다르기 때문이다. 경제를 쳐다보는 각도가 서로 다르기 때문에 경제를 보는 관점도 천차만별이다.

하지만 어떤 사업을 하든지 간에 그 사업은 한국 경제라는 테두리 안에 있게 마련이다. 또한 한국 경제는 세계 경제의 테두리 안에 있기 때문에 세계 경제를 보면서 한국 경제를 이해하려고 해야 한다.

성공한 사람들은 '대관소찰(大觀小察)' 한다. 대관소찰은 '전체를 보면서 부분을 살핀다' 라는 의미로서 우리가 세상을 볼 때 균형감각을 가지고 바라봐야 한다는 가르침을 준다.

손에도 바닥과 등이 있어 바닥을 보고 있는 사람은 바닥만 이야기할 것이고 등을 본 사람은 당연히 등에 대해서만 이야기할 것이다. 하지만 손 전체를 다 살피고 바닥을 이야기하는 사람은 바닥만 보고 그 바닥에 대해 이야기하는 사람과는 상당히 다른 이야기를 할 것임에 틀림없다.

경제를 보는 시각도 이와 같다. 세계 경제를 살피지 않고 한국 경제만을 논하는 것은 숲을 보지 못하고 나무를 논하는 것과 같아서 부분적으로는 옳지만 전체 속에서의 균형감각 면에서는 문제가 있다.

주식하는 사람들 중에는 주식 시장 자체만 신경 쓰고 한국 경제나 세계 경제에 대해서는 등한시하는 사람들이 의외로 많다. 이런 경우 나무는 보되 숲을 보지 못하는 우를 범하곤 한다. 이렇게 소찰(小察)만 하고 주식 거래를 하면 한국 경제와 세계 경제라는 큰 흐름을 놓쳐 결국 큰 손해를 볼 수도 있다. 국민 모두가 대관소찰(大觀小察)하는 자세로 국내외 경제를 보고, 느끼고, 연구하고, 행동하면 우리의 국제 경쟁력은 반드시 크게 향상할 것이다. 개인의 생활과 기업의 경영도 이와 같다. 매사 우리 모두 대관소찰(大觀小察)하는 자세로 경제를 살펴보자.

세계 경제가 숲이라면 한국 경제는 나무다. 그리고 여러분이 몸담고 있는 산업은 가지에 해당하며 자신이 하고 있는 일은 나무 잎이 된다. 이러한 대관소찰(大觀小察)하는 자세를 지녀야만, 자신의 위치를 명확히 이해할 수 있으며 성공이라는 큰 흐름에 함께 할 수 있는 능력이 생길 것이다.

*✱ 성공을 위한 명상노트 - 대관소찰

|||| 우리들 대부분은 삶의 어느 작은 부분에 매달려서, 그 부분을 통해 전체를 발견할 수 있으리라고 생각한다. 우리들은 방을 나서지도 않고 강을 아래 위로, 좌우로 모두 탐험하고, 그 강둑을 따라 뻗어나간 푸른 초원의 풍요함을 파악하기를 바란다.
우리들은 작은 방에 살고, 작은 화폭에다 그림을 그리고는 삶과 손을 마주 움켜잡았으며 죽음의 의미를 이해했다고 생각하지만, 그렇지 않다. 그러기 위해서는 우리들은 밖으로 나가야만 한다. 그리고 우리들 대부분은 '부분을 통해서 전체를 이해한다'고 생각하는 까닭에, '나는 이것을 좋아하고 저것을 좋아하지 않는다' 는 말을 하지 않고, 비난함이 없이, 심판하지 않고, 창문이 작은 방을 벗어나 모든 것을 그대로 볼 수 있는 밖으로 나가기란 놀랄 만큼 어렵다.
단 하나의 살을 통해서 우리들은 바퀴를 이해하고 싶어하지만, 살 하나로 수레바퀴가 이루어지지는 않았다, 안 그런가? 살도 여러 대여야 할뿐더러 테와 바퀴 전체를 봐야만 그것을 이해할 수 있다. 마찬가지 얘기지만, 우리들은 삶의 과정 전체를 파악해야만 정말로 인생을 이해하게 된다. - 크리슈나무르티

|||| 파리의 노틀담 대성당 건축 현장에서 세 남자가 일하고 있었다. 지나가던 사람이 그 중 한 남자에게 지금 무슨 일을 하느냐고 물었다. 그랬더니 지겨워 죽겠다는 표정으로 이렇게 대답했다.
"나는 돌을 쪼개고 있소이다. 목구멍이 포도청이라 할 수없이 하는 일이죠, 뭐. 누가 우리 식구 밥 세끼만 먹여준다면 이런 일은 당장 때려치울 거요."
목재 자르는 일을 하는 다른 남자에게도 똑같이 물었다.
그 사람 역시 불평을 늘어놓으며 자신이 하고 있는 일에서 전혀 보람을 느끼지 못하고 있었다. 나머지 한 사람은 다른 두 사람과 비교하자면 그야말로 단순한 일을 하고 있었다. 두 남자가 잘라놓은 돌과 목재를 어디론가 나르는 일을 하고 있었던 것이다. 그런데도 그는 콧노래를 흥얼거리며 기분 좋게 일하고 있었다.
다른 두 남자가 그에게 물었다.
"우리는 일하는 게 지겨워 죽겠는데 당신은 겨우 조수 일을 하면서도 그렇게 기분 좋은 이유가 뭐요?"
그러자 즐겁게 일을 하던 남자가 이렇게 대답했다.
"무슨 소리요? 지겹다니? 우린 지금 대성당을 만들고 있지 않소! 난 내가 하고 있는 일이 정말 자랑스럽소."
- 구스타프 호스의 '일본의 아버지들에게' 중에서

12 상대방의 입장에서 생각하기

　사람들은 습관적으로 자신의 입장에서 사물을 보고 판단한다. 당연한 일이다. 하지만 자신의 입장에서만 세상을 보면 상대방의 입장을 이해하지 못할 때가 많다.

　사회적으로 일어나는 갈등의 대부분은 상대방의 입장을 이해하지 못하거나, 상대방의 입장을 고려하지 못하기 때문에 발생한다. 개인과 개인의 관계도 마찬가지다.

　성공하는 사람이나 기업은 자신의 입장에서 세상을 쳐다보기보다는 상대방의 입장을 한 번 더 고려하는 경우가 많다. 남의 입장을 고려해서 행동하고 제품을 만들기 때문에 성공할 확률이 그만큼 높다.

　개인적으로 사람을 사귀고 친분을 쌓을 때도 '내가 하는 말이나 행동을 상대방은 어떻게 받아들일까' 라는 점을 늘 염두에 둬야 한다. 이

것이 배려다. 남을 배려하는 사람은 말할 때도 상대방을 고려하기 때문에 실수가 적고 남의 마음을 상하게 하지 않는다. 아무 생각 없이 자기 멋대로 생각하고 행동하면 주변사람들도 결국에는 등을 돌려 인간관계에 문제가 생긴다.

기업도 고객의 눈으로 세상을 보면 모든 것이 다르게 보일 수 있다. '이 제품이 과연 소비자의 입장에서 어떻게 받아들여질까' 라는 것을 생각하면서 기획한 상품은 소비자들에게 더 많은 사랑을 받게 될 것이다.

요즘 기업마다 "고객의 입장에서 생각하겠습니다!" 라는 말을 자주 쓰는데 매우 바람직한 현상이다. 성공하는 기업의 공통점은 소비자를 왕으로 여기는 기업들이다. '고객 제일주의' 또는 '고객의 입장에서' 와 같은 자세는 우리 모두가 배워야 할 자세이고 흐름이다.

소비자를 무시하고 성공하는 기업은 없다. 물론 독점으로 제품을 생산하는 기업이라면 상황이 다르겠지만, 장기적으로 발전 없는 기업은 쇠퇴하기 마련이다. 언젠가는 소비자가 외면하기 때문이다. 특히 요즘처럼 소비자 중심시장에서는 그러한 현상이 더욱 분명해지고 있다.

국가도 국민의 입장에서 생각하고 행동하는 정부가 더 많은 사랑을 받게 될 것이라는 점도 자명하다.

성공하려면 늘 상대방의 입장에서 생각하고 행동하는 습관을 익혀라!

*✳성공을 위한 명상노트 - 역지사지

|||| 백인과 인디언의 싸움에서 백인이 승리했을 때는 정의가 이긴 전쟁이라 하고, 인디언이 승리했을 때는 대량 학살이라고 했다.

이집트의 피라미드에는 '요즘 젊은 것들은 버릇이 없다' 라는 말이 쓰여 있다.

"우리 때는 그러지 않았다."는 말은 기성세대들이 신세대에게, 선배들이 후배들에게, 부모들이 자녀들에게 가장 흔하게 쓰는 말이다. 또 난폭 운전과 신호 위반을 습관적으로 하는 운전자가 다른 운전자나 보행자가 규칙을 위반하면 욕설을 하거나 화를 내기 일쑤다.

사람들에게는 가능한 한 자신을 남보다 더 좋게 보려고 하는 경향이 있다. 내 배가 나온 것은 인격의 척도다. 그러나 다른 사람의 배가 나온 것은 왠지 무절제해 보이고 무식함을 드러내 보이는 것 같다.

남이 돈을 많이 쓰는 것은 환심을 사려는 의도적인 계산이고, 내가 돈을 많이 쓰는 것은 통이 크고 사심이 없기 때문이다.

남이 바둑을 못 두는 것은 사회생활의 기본이 안 된 것이고, 내가 바둑을 못 두는 것은 잡기로 시간을 보내는 것이 싫어서다. 남이 책을 잘 읽지 않는 이유는 어려서부터 책 읽기의 습관에 길들여져 있지 않기 때문이고, 내가 책을 잘 읽지 않는 이유는 읽을 만한 책이 없기 때문이다. 누군가 그에게 선심용 선물을 하면 "세상이 썩었어."라고 하고, 누군가 내게 선심용 선물을 주면 "인사성이 밝군."이라고 한다.

네가 나를 못 믿는 것은 네 탓이고, 내가 너를 못 믿는 것도 네 탓이다. 사람들은 자신의 못된 점이나 한계점은 남들에게도 있다고 생각하면서 바람직한 점은 희한하게도 남들에게는 별로 없을 것이라고 생각하는 경향이 강하다. 남이 공부를 안 하는 것은 멍청해서고, 내가 공부를 안 하는 것은 공부에 초연해서다.

젊은이들이 자기들이 술 마시고 악써대는 것은 낭만이고, 어쩌다 한 번 날 잡아 가는 여행길 버스 속에서 춤추는 아줌마들은 주책이라고 비난한다.

「열 길 물 속은 알아도, 한 길 사람 속은 모른다.」 그만큼 사람의 마음을 알기 어려운 것은 자기중심적인 사고가 그 원인이다.

「사랑하게 되면 알게 되고, 알고 나면 보이나니, 그때 보이는 것은 전과 같지 않으리라.」라는 옛말도 있듯이 애정을 가지고 주변을 이해하려고 노력하다 보면 세상이 새삼스럽게 보일뿐만 아니라, 모두가 다 제각각인 것처럼 보이는 사람들의 마음도 알고 보면 자신과 크게 다를 바가 없다는 것을 알 수 있을 것이다.

– 남과 내가 다른 점은…

|||| 남의 학설을 변론함에 있어 먼저 그 입장을 이해하여야 한다. 그 근본 자체를 파악하지 못하고, 어구에 얽매이거나 문자에 구애되어서는 안 된다. 그 이론 자체가 드러나지 않고, 가리워 보이지 않는 것이 있기 때문이다. −정제두

|||| 남의 허물을 책하는데 너무 엄하게 하지 말라. 그가 감당할 수 있는 것인지를 생각해야 한다. 남을 가르침에는 너무 높게 하지 말라. 그가 실행할 수 있는 것으로서 해야 하느니라. −채근담

|||| 남의 흠보다는 자기 흠을 찾아라. 남의 흠은 보기 쉬우나 자기 흠은 보기 어렵다. 남의 흠은 쭉정이 골라내듯 찾아내지만, 자기 흠은 주사위 눈처럼 숨기려 한다. 자기 흠을 숨기고 남의 흠만 찾아내려 들면 더욱더 마음이 흐려져 언제나 위해로운 마음을 품게 된다. −법구경

|||| 남이 나를 정중히 대해 주기를 바라거든 내가 먼저 남을 정중히 대해 주라. 자신을 좋게 말하지 말라. 그러면 당신은 믿을 수 없는 사람이 될 것이다. 또 자신을 나쁘게 말하지 말라. 그러면 당신은 당신 말대로 취급받을 것이다. 다른 사람을 헤아리려거든 먼저 스스로를 헤아려 보라. 남을 해치는 말은 도리어 스스로를 해치는 부메랑이 된다. 침을 뱉으며, 피를 머금고 남에게 험담을 하자면 먼저 제 입이 더러워지는 법이다. 비판받지 않으려거든 비판하지 말라. −로저스

|||| 세계적으로 유명한 심리학자인 스키너가 실험을 통해 증명한 바에 의하면 좋은 행동으로 보상받는 동물이 나쁜 행동으로 처벌받는 동물보다 더 빨리 배우고 배운 것을 효과적으로 간직한다고 했다. 그 후의 연구에 의해 사람들도 마찬가지라는 것이 밝혀졌는데 비판에 의해서는 사람들을 변화시키기 힘들고 적개심만을 초래하게 된다. −데일 카네기

13 설득과 심리

설득 커뮤니케이션이 21세기 비즈니스 기법의 핵심으로 부상하고 있다. 비즈니스의 중심은 상대방으로부터 "YES!"라는 답을 얻어내는 것이다. 하지만 무턱대고 우긴다고 상대방이 "YES!"를 외치는 것이 아니다. 상대방을 논리적으로 설득하고 감성적으로 감동시켜야 가능한 일이다. 때문에 설득은 매우 중요한 커뮤니케이션 기술이자, 성공의 열쇠다.

니시무라 아키라가 지은 『5분 안에 YES를 얻어내는 설득술』이라는 책에서 설득에 관한 일곱 가지 원칙을 제시하고 있다.

1) 준비 없이는 상대를 설득할 수 없다

2) 상대에 대한 파악이 있어야 한다

3) 내용을 충분하게 소화하라

4) 상대를 감동시켜라

5) 상쾌한 미소, 복장도 중요하다

6) 거짓말을 하지 말라

7) 약속은 반드시 지켜라

설득에 관한 니시무라 아키라의 원칙은 누구나 알고 있는 사실이지만 문제는 '어떻게 준비하고 실천해야 하는가? 다.

상대방을 설득하기 위해서는 우선 자신이 상품에 대한 전문가가 돼야 한다. 또 상대방에 대해 많이 알면 알수록 설득하기가 쉽다.

그렇다면 설득을 넘어 감동을 주는 문제는 어떨까? 마찬가지다. 상대방을 감동시키기 위해서는 본인 스스로 본인의 일에 대한 확신과 열정이 있어야 한다. 본인에게 확신이 없는데 어떻게 상대방이 감동하길 바라는가! 상대방을 감동시키기 위해서는 일단 자신의 일이 옳은 것이라는 확신을 마음속에 심어야 하며 그에 상응하는 전문 지식을 연구해야 한다. 그리고 얼굴 표정, 말투, 단정한 복장 등 깔끔한 이미지를 구축해야 한다.

또 하나, 사업상 약속이나 개인과의 약속은 반드시 지켜야 한다. 모든 인간관계의 생명은 약속이다. 시간, 품질 등 모든 조건에 대한 약속은 반드시 지켜야 한다. 약속을 지키는 사람이라는 이미지가 상대방에게 깊이 새겨지고 나면 혹시 나중에 어려운 일이 생기더라도 이해해주는 등 배려의 폭이 넓어진다.

이런 준비와 노력 없이 상대방이나 고객을 대한다면 한 번은 속아 넘어갈지 몰라도 거래는 끊기고 이미지도 실추될 것이 뻔하다. 무엇보다 인간관계에서 가장 중요한 신뢰를 잃을 것이다. 한 번 잃은 신뢰감은 다시 회복하기 어렵다는 사실을 명심하라.

상대방을 설득하는 기법은 다음과 같다.

1) 상대방과 눈을 맞춰라. 대화를 나눌 때는 상대방의 눈을 쳐다보면서 이야기해야 한다. 진지하게 느껴지기 때문이다.

2) 상대방의 기분을 좋게 해줘라. 상대방의 기분을 좋게 해주는 것은 대화의 분위기를 띄운다. 상대방의 용모나 패션을 칭찬하라.

3) 맞장구 쳐라. 맞장구치는 것은 본인이 상대방 말을 잘 알아듣고 있다는 사인(Sign)이기 때문에 상대방에게 신뢰감을 준다.

4) 경청하라. 경청하는 습관은 상대방의 자존심을 최대한 높여주는 일이다.

5) 상대방의 이름을 자주 불러라. 상대방의 이름을 자주 불러주는 것은 친근감을 유발한다.

6) 안부 편지를 자주 써라. 만나기 전에 안부 편지를 자주 쓰는 것은 인간적인 유대를 돈독하게 한다.

7) 만나는 횟수를 늘여라. 한 번 만나서 3시간을 같이 있는 것보다는 1시간씩 세 번 만나는 것이 더 효과적이다. 왜냐하면 사람은 자주 만날수록 친근감을 갖게 되며 유대감을 느끼기 때문이다.

상대방을 설득하는 것은 어려운 일이다. 하지만 설득의 노하우와 테크닉을 염두에 두고 준비를 한다면 훨씬 더 큰 효과가 있을 것이다.

설득은 노력과 테크닉의 종합적인 결과물이다.

*❋성공을 위한 명상노트 - 설득

║║║ 긍정적인 마음을 가진 사람과 대화하면 상대방도 덩달아 기분이 좋아지고 고무된다. 부정적인 마음을 가진 사람과 대화하면 상대방도 덩달아 의기소침해진다. 의기소침 해진 데서는 보잘것없는 것을, 고무된 데서는 큰 것을 얻게 되는 법. 이 원리를 잘 따르도록 하라. 그리하여 어디서나 당신의 말이 통하고 어떤 상황에서도 적용될 수 있도록 하라. 우선 한 개인을 설득할 수 있는 능력을 갖추도록 하라. 그리하면 가정을, 더 나아가 세상을 설득할 수 있다. —귀곡재(鬼谷子)

║║║ 남을 설득하려고 할 때는 자기가 먼저 감동하고, 자기를 설득하는 데서부터 시작해야 한다. —칼라일

║║║ 명령을 하면 상대는 억지로 일하게 된다. 열의를 다해서 설득하지 않으면 그 누구도 따르지 않는다. —구로키 야스오

║║║ 설득이란 남의 이견(異見)을 존중하는데서 시작해야 한다. 한번 기회에 성과가 있기를 바라지 말아야 한다. —디스렐리

║║║ 결정의 90퍼센트는 감성에 근거한다. 감성을 동기로 작용한 다음, 행동을 정당화 하기 위해 논리를 적용한다. 그러므로 설득을 시도하려면 감성을 지배해야만 한다. —데이비드 리버만

14 평균 수명 5년의 한국 기업

    세계에서 가장 기업을 운영하기 좋은 나라 중의 하나는 미국이다. 기업 활동 여건과 환경이 투명하기 때문이다. 그런데 이런 기업 환경이 좋은 나라에서조차 기업들의 평균수명이 10년이 채 안 된다.

    반면에 한국은 기업을 운영하기가 좋은 나라는 아니라고 많은 사람들이 이구동성으로 말한다. 기업 활동을 하기 위한 제반 환경이 투명하지 못하기 때문이다. 그래서 한국 기업의 평균 수명이 5년이 안 된다. 물론 한국도 외국 투자자를 유치하기 위해 많은 노력을 기울이고는 있지만, 아직 멀었다는 느낌을 지울 수 없다.

    최근 부패감시 국제민간단체인 '국제투명성기구'에서 발표한 바에 따르면 한국의 부패지수 순위가 지난해보다 10단계나 악화됐다고 한다. 세계 133개국의 국가별 부패인식 지수를 산출한 결과 한국은 그리스와 함께 공동 50위를 차지했다. 이는 같은 아시아권의 일본, 대만, 말레이시아보다도 훨씬 낮은 것이며, OECD 가입 국가 중 최하위 수준이다. 이런 상황에서 투명한 기업 활동이 과연 가능할까?

물론 기업 활동을 위한 국가적 환경도 중요하지만 기업 자체의 준비와 노력도 중요하다. 기업의 궁극적 목적은 극대화된 이익 창출이다. 이익을 극대화해 직원들에게 월급을 주며 정직하게 세금내고, 주주들에게 배당을 하면서 사회에 환원하게 되어 있다. 기업이 이익을 내지 못하면 그것은 죽은 기업이다.

장수하지 못하는 기업을 살펴보면 다음과 같은 이유가 있다.

첫째, 급변하는 경제 환경에 적절히 대응하지 못했기 때문이다. 기업 환경은 끝없이 변한다. 소비자들의 욕구가 변하고, 세계 경제의 흐름이 바뀌며, 정부의 정책이 바뀐다. 이러한 변화에 능동적으로 대응하지 못하면 기업은 망하기 마련이다. 마치 잔잔한 물위를 항해하고 있던 배가 폭풍우를 만나서 좌초하는 것과 같다. 배가 항해 중에 폭풍을 만나서 좌초하는 것을 미리 방지하기 위해서는 늘 사전에 준비하고 새로운 기술을 도입해 폭풍우를 예측해야 한다.

둘째, 불투명한 경영으로 결국은 사회에서 외면 받아 퇴출되기 때문이다.

투명하지 못한 경영은 잠시 눈속임으로 넘어갈 수 있을지는 몰라도 반드시 고객과 국민들에 의해서 밝혀지기 마련이다. 경영자가 투명하지 못하면 직원들에게 떳떳하지 못한 법이다. 직원들에게 존경을 받지 못하는 경영자는 망하는 길로 접어들게 될 수밖에 없다.

셋째, 내부적으로 임직원이 똘똘 뭉치지 못하기 때문이다.

내부적으로 임직원이 똘똘 뭉치는 것만큼 기업에서 중요한 것이 없다. 아무리 기업 환경이 변해도 임직원들이 머리를 맞대 늘 변화하는 상황에 대처하기 위한 전략을 상의하는 기업은 장수할 확률이 높다.

기업이 장수하려면 다음과 같은 요건을 갖춰야 한다.

첫째, 기업의 환경 변화에 능동적으로 대응하기 위한 시스템과 문화가 존재해야 한다. 기업 문화란 기업 구성원들의 사고방식과 일처리 방식 그리고 정신자세를 말한다. 폐쇄적인 기업 문화를 가지고 있는 기업은 외부의 변화에 능동적으로 대처할 수 없다. 끝없이 변하는 외부 환경의 변화를 감지하기 위해서는 기업이 살아 있어야 한다.

둘째, 투명한 경영을 해야 한다. 기업의 경영자가 회사의 중요한 사항들을 감추고 직원들과 공유하지 않으면 불신이 쌓이게 되고, 의사소통이 막힌다. 내부적으로 노사간에 대화가 안 되는데, 어떻게 외부의 고객과 편안하게 의사소통을 하겠는가?

셋째, 고객의 Needs를 정확히 파악하고 고객 만족과 고객 감동을 이끌어내는 기업이 장수한다. 기업에게 있어서 최고의 선(善)은 매출 증대에 따른 이익 창출과 함께 고객만족경영에 있다.

마찬가지로 개인 사업자들도 늘 경제 환경의 변화를 예측하고 자신의 경쟁력을 높이면서 투명한 사업을 펼쳐야 한다. 개인 사업자들도 사업을 영위하는 분명한 주체이기 때문에 고객과의 관계가 가장 소중하다.

고객과 원만하고 친근한 관계를 유지하기 위해서는 다음과 같은 점을 염두에 둬야 한다.

첫째, 고객의 Needs를 잘 파악해야 한다. 즉, 고객이 원하는 것이 무엇인지를 인식해야 한다는 것이다. 고객은 A를 원하는데 B를 권하는 것은 잘못된 것이다. 고객에게 전달하고자 하는 상품이 아무리 좋은 것이라고 해도 고객의 Needs에 합당한 것이 아니라면 쓸모없는 물건에 불과하다.

둘째, 늘 고객에게 정직해야 한다. 거짓말로 상대방을 설득하거나 속였다 할지라도 진실은 곧 밝혀지게 마련이다. 사업은 신용이다. 고객이 사업자의 말이라면 분명하게 믿고 따르게 하는 것이 중요하다.

셋째, 사업자는 세상의 큰 흐름을 읽을 줄 아는 능력이 있어야 한다. 세상의 큰 흐름이 곧 사업에 직·간접적인 영향을 주기 때문이다. 기업 활동으로 치자면 환경 변화에 능동적으로 대응하기 위한 것과 같다.

위에서 열거한 것들을 하나하나 점검하면서 사업에 임하면 반드시 성공하게 될 것이다.

*❋성공을 위한 명상노트 - 신뢰

|||| 일상생활에서부터, 아주 작은 일에서부터 바른 생각으로 성실하게 자신의 인생을 운영해 나가다 보면 신용은 저절로 싹이 터 자라기 시작해서 부쩍부쩍 크게 되고, 그러다 보면 어느 날엔가는 말하는 대로 의심 없이 믿어주는 커다란 신용을 갖게 된다.
　-아산 정주영

|||| 사업의 세계에서도 신의는 상품 이상의 가치가 있다. 그 가치를 워낙 신뢰하기 때문에 그 밖의 다른 일에 대해서는 아주 관대하게 넘어가는 경우가 많다. -그라시안

|||| 신용은 거울과 같은 것이다. 한 번 금이 가면 다시는 회복되지 않는다. -아미엘

|||| 신용은 타인에 대해 좋은 감정을 갖는 데서 생기는 감정이다. 따라서 우리가 뿌린 만큼 거둬들이는 하나의 성과물이라 해도 과언이 아니다. 타인에게 우리에 대한 믿음을 심어주고 그에 대한 대가로 얻는 신용은 타인의 마음을 사로잡는 일종의 인과 관계에 있는 감정이라 이를 수 있을 것이다. -라 로슈푸코 [잠언집]

15 뜻 깊은 대답 모두, YES

조선 초 세종 때의 일이다. 당시 영의정을 지내던 황희 정승이 어느 날 어떤 사안을 가지고 여러 사람과 격론을 벌이고 있었다. 한 신하가 황희 정승에게 물었다.

"정승께서는 이번 사안을 어떻게 생각하십니까? 우리쪽 주장이 맞지 않습니까?"

황희 정승이 잠시 생각을 정리한 후에 이렇게 답했다.

"그래, 자네 말이 맞네 그려."

그랬더니 반대 의견을 내었던 신하 한 사람이 물었다.

"정승께서는 우리쪽 의견에 대해서는 어떻게 생각하십니까?"

이에 황희 정승이 잠시 생각에 잠긴 후에 이렇게 답했다.

"네 의견도 맞다."

옆에서 이 광경을 지켜보고 있던 정승의 측근이 답답한 듯 이렇게 물었다.

"정승께서는 이쪽 이야기도 맞다고 하시고 저쪽 이야기도 맞다고 하시니 어떤 것이 정말 맞는 겁니까? 양쪽이 다 맞는 것입니까? 다 틀리는 겁니까?"

그러자 황희 정승은 또 이렇게 답했다.

"네 말도 맞다."

황희 정승의 일화는 균형감각의 중요성에 대해 시사하는 바가 크다. 모든 일에 균형감각을 갖는다는 것은 쉬운 일이 아니다. 하지만 큰일을 올바르게 처리하기 위해서는 균형감각을 갖는 것이 매우 중요하다.

누구든지 자신의 주장에만 깊이 빠지다보면 상대방의 입장을 무시하게 되고 늘 자기중심으로 모든 일을 판단하기 쉽다. 이때 필요한 것이 바로 균형감각이다.

운동선수에게 가장 필요한 감각 중의 하나가 균형감각이라고 한다. 평행봉이나 마루 운동에서 뿐만 아니라 모든 운동에서 신체적으로 균형감각이 없으면 훌륭한 선수가 되기 어렵다고 한다.

인생도 마찬가지다. 중요한 의사결정 순간에 균형감각을 잃으면 씻을 수 없는 상처를 입기도 하고, 원치 않는 인생을 살아야만 하는 수도 생긴다.

그럼에도 많은 사람들은 균형감각을 잃고 한 쪽에 치우치는 사고에 의존해 살고 있다. 균형감각을 키우기 위해서는 어떠한 상황에서 의사결정을 하더라도 '내가 쳐다보고 있지 못한 다른 측면에는 어떤 것이 있을까' 라는 생각을 한 번쯤 해보는 것이 좋다.

특히나 사회를 이끄는 리더들은 다수의 장래를 책임지는 사람들이기 때문에 균형감각을 잃지 말아야 한다. 지나치게 자신의 입장만 고집하는 극단적인 정치인들을 보고 국민들은 실망만 할 뿐이다.

다른 사람들의 입장을 들여다보고 상대방의 의견을 경청하는 사람, 균형감각을 가진 사람이어야 의사결정을 합리적으로 할 수 있다.

균형감각은 겸손한 마음과 남을 배려하는 마음을 근간으로 세상을 넓게 보는 노력이 함께 할 때 생긴다.

✳성공을 위한 명상노트 - 균형감각

▥ 꽃은 반쯤 피었을 때 보고, 술은 적당히 취하도록 마시면 그런 가운데 아름다운 취미가 있나니, 만약 꽃이 활짝 피고 술에 흠뻑 취하면 문득 재앙의 경지에 이르는도다. 가득찬 곳에 있는 사람은 마땅히 이를 생각할지니라. -채근담

▥ 인생에서 중요한 법칙은 만사에 중용(中庸)을 지키는 일이다. -테렌티우스

▥ 입에 맛있는 음식은 모두가 창자를 짓물게 하고 뼈를 썩게 하는 나쁜 약이다. 실컷 먹지말고 중간쯤에 멈추면 재앙이 없느니라. 마음에 쾌한 일은 모두 몸을 망치고 덕을 잃게 하는 중매니라. 너무 탐닉하지 말고 중간쯤에 멈추면 뉘우침이 없느니라. -채근담

▥ 중용(中庸, 中行)의 길을 지키면서 스스로 거만한 마음이 없으면 허물이 없으리라. -역경

▥ 차면 비고, 부풀면 줄어들고, 올라가면 내려온다. 파괴하려거든 끝까지 몰고 가고 보존하려거든 중용을 지켜라. -도교

▥ 방종이나 박탈의 극단적인 태도를 피해라. 당신이 맡은 모든 일에서 중용을 행하는 것을 습관화해라. -어니 J. 젤린스키

▥ 경영에서 가장 중요한 것은 균형 감각이다. 판매, 경리, 총무, 생산, 기술, 연구, 구매, 관리 등 회사의 각 기능이 균형있게 상호 연동되어 움직이면 총체적인 힘도 커지게 마련이다. -고바야시 마사히로

16
e-비즈니스의 시작, 인터넷

    요즈음 IT분야에서 가장 많이 회자되고 있는 것은 유·무선 인터넷을 기반으로 하는 분야다. '유비쿼터스', '홈 네트워크', '홈 디지털서비스' 같은 단어들이 그 분야를 대표한다. '유비쿼터스'란 시간과 장소에 관계없이 원하는 정보를 활용할 수 있는 인프라를 말하며, '홈 네트워크'나 '홈 디지털서비스'는 가정 내의 모든 전자기기들을 하나로 통합해 활용할 수 있는 서비스 기반을 의미한다. 이런 정보기술 기반은 개인의 생활에서 기업의 경제활동, 나아가 국가의 경쟁력에 이르기까지 광범위한 영향을 끼치고 있다. 가히 혁명적 상황을 창조하고 있는 것이다.

    지난번 세계지식포럼에 참가하기 위해서 한국에 왔던 마이크로소프트의 빌게이츠 회장은 "향후 수년 안에 인터넷 거품이 걷히면서 완전히 새로운 인터넷 시장이 형성될 것이다"라고 전망했다.

이미 우리나라에서의 인터넷 혁명은 쉽게 접할 수 있다. 온라인 서점인 '예스24'가 거대 오프라인 서점인 교보문고의 매출을 앞질렀고, 2002년 대선에서 20~30대의 네티즌 파워가 대통령의 당락을 결정지었다. E-Learning는 이미 유아, 초등학생, 중·고등학생, 성인교육까지 그 영역을 확장하고 있다. 오프라인 출판 시장의 한 쪽에선 전자책(e-Book)이 개발되고, 국·공립 도서관에는 전자 도서관(Digital Library) 환경을 구축해 독자들은 이제 온라인으로 원하는 책을 언제 어디서나 열람할 수 있게 됐다. 이렇게 정치, 경제, 사회, 문화, 교육 등 사회 전 분야에 걸쳐 인터넷 혁명은 급격하게 진행되고 있다.

인터넷은 사업 효율성을 극대화해 주는 중요하고 막강한 도구다. 개인적인 사업으로 성공을 꿈꾸는 사람이라면, 인터넷 혁명을 따라가는 수준을 넘어서 그에 앞서가야만 한다.

빠른 인터넷 혁명 속에서 우리나라는 초고속 인터넷 보급률이 OECD(경제협력개발기구)와 국제전기통신연합에 의해 세계 1위로 선정되어 유리한 위치를 선점하고 있다. 4가구 당 1가구 꼴로 초고속 인터넷이 설치돼 있으며 한 달 평균 인터넷 사용시간이 19시간 20분으로 세계 최고를 기록하고 있다. 그것도 2위인 홍콩(12시간 12분) 3위인 미국(10시간 19분)과도 격차가 상당하다.

더구나 우리나라는 세계 최대의 반도체 생산국이며 휴대용 전화기 보급률이 아시아 최고 수준의 국가라는 우수한 인터넷 인프라를 구축하고 있다. 한국인터넷정보센터에 따르면 2002년 9월 말 현재 인터넷을 이용하는 사람은 모두 2,412만 명(55%)로 집계되어 인구의 절반 이상이 네티즌이라는 이야기가 된다. 따라서 우리나라는 세계에서 인터넷과 그에 관련한 산업에 관한 한 최고의 국가가 될 수 있는 기초를 충분히 갖추고 있다 해도 과언이 아니다.

앞으로는 개인사업자나 직장인 모두 인터넷을 자유자재로 활용할 줄 아는 사람이 성공하는 시대다. 혹시 인터넷을 '젊은 사람들의 전유물이지!' 라고 생각하고 있었다면, 지금 당장 그 생각을 버려라.

전화기가 없었던 시대의 사업 효율성과 전화기가 일반화된 시대의 사업 효율성을 비교하는 것 이상으로 인터넷은 필수다. 이제 인터넷은 21세기 사업 성공의 원동력이다.

똑같은 시간을 열심히 일했더라도 누가 효율적으로 일했느냐가 더 중요한 시대다. 인터넷 시대에 과거의 방법으로 사람들을 관리하고 커뮤니케이션하고 있다면 그런 사람은 이미 경쟁에서 뒤지는 것이다.

인터넷 시대를 이해하고 적응하려는 노력은 반드시 이루어져야 하며 인터넷 시대를 앞서가려는 노력은 성공하려는 사람들에게는 필수적인 요소가 될 것이다.

인터넷을 두려워 할 이유는 없다. 인터넷은 설치하는 순간 TV처럼 곧 바로 사용이 가능하며 자기 업무에 효율적으로 활용할 수도 있다.

e-비즈니스의 물결에 합류하는 것은 전화로 서비스 회사에 인터넷 설치를 요청하는 일로 시작하며 이미 갖추어진 환경의 독자라면 웹서핑과 메일 서신의 시작이 곧 e-비즈니스의 시작이다.

자, 각자의 업무에 이것을 어떻게 활용할 것인가 하는 고민의 시작이 e-비즈니스의 시작에 다름 아니다. 옥션에서 쓰던 물건을 경매로 파는 일부터 시작해보라! e-비즈니스의 중심 인터넷의 물결을 즐기자.

*✳성공을 위한 명상노트 - 인터넷 혁명

⠿ 글로벌 전자상거래는 교역을 제한하던 지리적 장벽을 제거했을 뿐 아니라 아주 작은 기업까지도 전 세계에 닿을 수 있도록 해주고 있다. 또한 전자상거래는 기업의 규모에 상관없이 모두 같은 크기의 화면에서 경쟁하게 해준다. -스테파노 코퍼

⠿ 기술이 경제의 틀을 바꾸고 기업과 소비자의 양상을 변화시키고 있다. 기술에 의한 이러한 변화는 전자 상거래나 e-mail, 전자무역, 전자문서 이상의 것을 의미한다. 바로 경제 기회에 있어서의 "전자요소"를 의미하는 것이다.
-윌리엄 델리, 미국 상무장관

⠿ 대기업이 기존의 상관습에 얽매여 제대로 움직일 수 없는 반면, e비즈니스의 노하우로 앞서가는 외국인 투자기업이나 벤처기업이 빠르게 기존의 시장을 잠식하는 때도 적지 않다. -아더 앤더슨

⠿ "디지털 경제 시대"라는 새로운 패러다임은 "e비즈니스"라는 용어와 함께 국내 기업들에게, 우리나라의 근대화이후 일찍이 경험하지 못했던 엄청난 변화와 기업의 사활을 건 승부를 요구하고 있습니다. -변정주(아더 앤더슨코리아 대표이사)

⠿ 웹 사이트에 대한 마케팅은 전자상거래의 성공을 위해 지극히 중요한 것이다. 잡지나 신문 혹은 TV 광고와 같은 전통적 매체와 배너 광고, 검색엔진, 전자 우편 리스트 등의 전자적 수단을 동시에 이용하여 전자상거래의 마케팅에 힘을 쏟아야 한다
-스테파노 코퍼

⠿ e비즈니스는 분명 새로운 트랜드이며, 잠재력이 큰 비즈니스 기회이기도 하다. 하지만 성공을 할 수 있는 사람을 e비즈니스의 가치를 이해하고, 기업 고유의 비즈니스 모델을 구축해 그 모델을 실현할 수 있는 사람뿐이다. -아더 앤더슨

⠿ 지금은 새로운 시장, 소위 말하는 전자상거래의 힘을 이용하는 비즈니스에 있어 엄청난 기회의 시간이다. 그 힘을 과소 평가하는 기업은 다른 기업들이 새로운 환경에서 만개할 때 혼자 뒤쳐지게 될 것이다. -스테파노 코퍼

17 투명한 경영 마인드와 경쟁력

전 세계를 통틀어 미국 항공업계 만큼 경쟁이 치열한 업계도 없다. 한때 하늘을 주름 잡았던 이스턴 항공과 팬암은 몰락해서 역사의 뒤안길로 사라졌으며 현재 제1의 항공사인 유나이티드 항공사는 대대적인 구조조정으로 생존을 꾀하고 있다. 이렇게 치열한 항공업계에서 사우스웨스트 항공사는 지난 31년 동안 연속 흑자를 내면서 탄탄대로를 달리고 있는 경쟁력이 있는 항공사다.

그런데 세계적인 사우스웨스트 항공사의 본사는 예상외로 허름한 창고를 개조해 쓰고 있다. 회장, 사장 등 임직원의 책상이나 집기는 무척 검소하다. 책상 사이의 칸막이도 볼 수 없다. 국내 한 방송사가 인터뷰를 통해 그 이유를 물었더니, '한 푼이라도 더 아껴 고객들에게 돌려주기 위해서'라고 말했다.

1971년 사우스웨스트 항공사가 텍사스의 댈러스, 휴스턴, 샌안토니오를 잇는 운항을 시작했을 때 사람들은 몇 년 버티지 못하고 문을 닫을 것이라고 예측했다. 하지만 오늘날 사우스웨스트 항공은 미국 30개 주의 59개 공항을 취항하고 있으며 미국내 승객 운송 마일리지에서 4위, 승객 수 면에서는 3위를 차지하고 있다. 더 중요한 것은 이 항공사의 수익성이다. 현재 사우스웨스트 항공사 주식의 시가총액이 90억 달러로 다른 항공사 모두를 합친 것 보다 크다.

도대체 이 회사의 성공 비결은 무엇일까?

첫째, 이 회사는 최초에 출범할 당시 수익성이 좋은 500마일 이내의 항로를 겨냥했다. 육상교통을 이용하는 고객을 유인하기 위해 요금을 대폭 내리는 전략을 쓴 것이다. 그리고 이렇게 요금을 내리기 위해서 그들은 항공기 운항의 효율성을 극대화하는 노력을 꾀했다. 이 항공사는 '보잉737'이라는 단 한 가지 기종만을 보유하고 있는데, 이유는 조종사 훈련에서 정비까지 당일 교육시스템을 사용해 시스템 구축 비용을 절감할 수가 있었기 때문이다.

둘째, 항공기가 착륙해서 다시 이륙할 때까지 시간을 최대한 줄여 수익성을 높였다. 다른 항공사들이 거점 공항을 중심으로 하는 허브(Hub)전략을 택한 데 반해서 이 항공사는 직선 연결 전략을 써서 저가 운임을 유지했다.

셋째, 승무원 숫자를 최대한 줄이기 위해서 승객은 예약이 아닌 직접 먼저 공항에 오는 순서로 탑승할 수 있는 시스템을 구축했으며, 기

내의 음료수 서비스도 하지 않았다. 원가를 최대한 줄여서 요금을 낮추기 위해서다.

넷째, 가장 중요한 것은 바로 창업자인 허브 켈러허 회장의 경영철학이다. 켈러허 회장 경영모토는 신뢰경영이다. 그는 모든 직원들이 상호간에 신뢰하면서 가족처럼 일하는 직장을 강조했다. 이를 위해 사내의 커뮤니케이션 시스템을 적극 가동해 경영진과 직원사이의 벽을 없애는 노력을 지속적으로 해온 것이다. 즉, 사우스웨스트 항공사는 GE의 전 회장 잭 웰치가 강조한 '벽 없는 조직(Boundarylessness)' 을 만드는데 온 힘을 기울인 기업이다. 미국의 일반적인 기업과는 달리 사우스웨스트 직원의 가족까지도 회사의 가족으로 생각하는 경영이 기업의 경쟁력을 높일 수 있었던 중요한 원인인 것이다.

기업이 성공하기 위해서는 무엇보다도 경영진과 전 직원이 한 가족처럼 뭉칠 수 있는 기업 문화를 갖는 것이 중요하다.

기업 문화가 폐쇄적일수록 직원은 경영진을 믿지 못하고 직원은 그 나름대로 조직을 만들어서 자신들의 이익을 보호하려는 노력을 하게 마련이다. 이러한 분위기는 기업의 생산성을 저하할 수 있는 것이다.

모든 직원들이 가족처럼 상의하고 노력하도록 경영하는 사우스웨스트 항공의 켈러허 회장으로부터 진정한 성공 경영자의 모습을 엿볼 수 있다.

✳성공을 위한 명상노트 - 투명성

||||| 대중을 통솔하는 방법에는 오직 위엄과 신의가 있을 따름이다. 위엄은 청렴한 데서 생기고 신의는 충성된 데서 나온다. 충성되면서 청렴하기만 하면 능히 대중을 복종시킬 수 있을 것이다. -정약용

||||| 경영 마인드는 결국 주인의식을 바탕으로 한 책임감과 새로운 것을 추구하는 도전정신으로 요약될 수 있다. 이제는 가정에도 경영 마인드에 입각한 투자와 성과개념이 정착되는 합리성이 보편화되어야 할 것이다. -권원기

||||| 경영에 가능한 한 사원을 참여시킨다. 자신도 참여하고 있다고 사원이 느끼면 일하는 태도도 달라진다. -고바야시 마사히로

||||| 경영자는 업체의 대소를 막론하고 기존의 고정관념을 타파하여 좀 더 능률적이고 직원들의 사기를 앙양하는 정책을 쉬지 않고 생각해야 할 것입니다. -홍병식

||||| 과거의 기업경영은 고요하게 흐르는 강물을 건너는 것과 같았다. 강물은 수정처럼 맑았고, 천천히 조용하게 흘렀다. 강을 건너는데 특별한 정보는 없다. 그저 보트를 찾아서 타고 건너면 그만일 뿐. 그러나 오늘날 기업경영은 심하게 격류하는 강물을 건너는 것과 같다. 곳곳에 소용돌이가 치고 있고, 물살이 일어 강을 건너기란 여간 어려운 게 아니다. 도무지 한치 앞을 예측할 수 없는 상황. 이런 상황에서는 정확한 예측이야말로 강을 제대로 건너기 위해 필요한 요건이다.
-조엘 아서 바커(Joel Arther Barker)

||||| 기업의 역량은 '종합력'으로 판단할 수 있다. 각 개인의 능력과 각 부서의 힘이 아무리 뛰어나다 하더라도 종합력이 강하지 않으면 회사는 발전할 수 없다. 그것은 알고 있는 경영자는 어떻게 하면 '혼연일체' 된 종합력을 기를 수 있는지를 생각한다. 좋은 회사를 만들기 위해 경영자는 자신의 '꿈'을 이야기하고 그 꿈 위에 사원은 자신의 '꿈'을 쌓아올린다. -오아키 마사나오

||||| 지금은 고위급 간부들도 하위급 직원들과 함께 어울리고 토의하며 때로는 언쟁도 허용해야 훌륭한 경영인으로 인정을 받는 시대입니다. -홍병식

18 리더의 화법에는 무언가 특별한 것이 있다

최근에 『리더스 보이스(Leader's Voice)』라는 책을 읽었다. 미국의 보이드 클라크와 론 크로스랜드가 집필한 책인데 성공한 리더들의 효과적인 커뮤니케이션 비법을 설명하고 있다. 케네디 대통령의 취임식 연설부터 저격 받은 후의 레이건 대통령의 조크까지 우리가 생활하면서 참고할 수 있는 화법을 간추려 놓았다.

사회적 커뮤니케이션에서 대화법은 대단히 중요하다. 성공한 리더들은 상대방과 자신을 일상적인 수준에서 연결시키는 남다른 재주가 있는 사람들이다. 즉, 자신과 상대방을 사장과 직원, 경영자와 주주, 대통령과 국민이라는 공식적인 틀이 아닌 사람 대 사람의 관계로 만들 수 있는 사람들이다.

존 에프 케네디는 취임 연설에서 '국가가 당신에게 무엇을 해줄 것인가를 바라기 전에 당신이 국가를 위하여 무엇을 할 것인가를 생각하라' 는 명언으로 미국 국민들의 애국심을 흔들어 놓았고, 흑인 운동가인 마틴 루터 킹은 "나에게는 꿈이 있습니다."로 시작하는 명연설로 전세계를 감동시켰다.

리더는 자기 마음속에 있는 분노와 의기소침, 냉소주의, 실망감을 철저히 잘 숨겨야 한다. 오히려 그 상황을 희극으로 바꾸는 능력이 있어야 한다.

로널드 레이건 전 대통령이 괴한에게 저격을 당한 후의 일화는 유명하다. 총을 맞은 후 레이건은 병원에 실려 가면서 부인과 보좌관에게 "내가 몸을 피하는 것을 까먹고 있었어."라고 말해 주변 사람들을 안심시켰다. 병원에 도착하자마자 기다리고 있던 의사에게 "의사양반! 당신은 공화당원 맞지요?"라는 이야기를 꺼내 근심으로 가득 차 있는 주변 사람들의 폭소를 자아내 분위기를 반전시켰다고 한다.

성공한 리더들의 커뮤니케이션은 세 가지 수준에서 이루어진다.

첫째 수준은 사교성(Social)이다. 공통점을 발견하는 수준으로서 서로간의 공통점을 찾아내 연결고리를 끌어내는 것이다. 이렇게 연결고리를 끌어냄으로써 새로운 사람과의 인간관계를 빠른 속도로 개선할 수 있다.

둘째 수준은 의미를 담는 작업이다. 즉, 커뮤니케이션을 통해 의미를 전달하는 수준을 말한다. 얻고자 하는 목적이나 해결하고자 하는 문제를 정확하게 전달하는 단계다. 아무리 많은 커뮤니케이션을 하더라도 의미 전달이 정확하지 않은 커뮤니케이션은 무용지물이다.

셋째 수준은 친밀성이다. 가족이나 친구와 같은 느낌으로 상대를 내 사람으로 만드는 수준을 말한다.

일반적으로 뛰어난 리더들은 사교적 수준에서 시작해서 의미를 담는 수준을 거쳐 친밀감을 갖게 하는 수준으로 커뮤니케이션을 진행한다.

하루에 사람은 2,500번 정도의 커뮤니케이션을 하면서 산다. 따라서 누가 더 효율적이고 효과적인 커뮤니케이션을 하느냐에 따라 그 사람의 성공은 달라질 수 있다.

'커뮤니케이션은 기술이며 연마할 수 있는 영역' 이다. 사람의 특성과 재능에 따라 커뮤니케이션 기술의 연마에 걸리는 시간과 투입되는 노력의 양은 달라질 수 있지만 누구나 커뮤니케이션 리더가 될 수 있다.

✳성공을 위한 명상노트 - 화술

⫸ 화술은 단순한 언어의 유희나 심리적인 마술이 아니라 상대와의 인간관계의 조화를
실현시키기 위한 자기 표현의 기술이며 연출이다. -홍서여

⫸ 전기불이 나간 어두운 방안에서 초가 있으면서도 초를 아끼며 켜지 않는다면 어떻게
될까. 마찬가지로 한두 마디의 상냥한 말이면 상대방의 마음을 밝게 해주고 유쾌한
분위기를 만들 수 있는데 그렇지 않다면 그것은 마치 초를 아끼기 위해 어둠 속에 있
는 것과 같다.
한 마디의 말이 날카로운 칼이 되기도 하고 혹은 솜처럼 따뜻하고 부드럽기도 하다.
어느 쪽을 택할 것인가는 우리의 마음에 달려 있다. -제퍼슨

⫸ 인생에 대화는 매우 일상적이지만, 대단한 주의와 수양을 요구한다. 말은 본질적으로
마음에 있는 것이 입으로 나오기 마련이다. 어떤 사람이 하는 말은 그 말하는 방법과
함께 그 사람의 인생에서 승리자가 되느냐 패자가 되느냐에 상당한 영향을 끼친다.
편지를 쓰는데 주의와 신중이 필요하다면, 호감있는 대화에 있어서도 마찬가지다.
훌륭한 대화, 좋은 대화란 수다를 떠는 것과는 다르다. 거기에는 목적, 원칙, 상쾌함
이 있다. '내가 아는 것을 그대들에게 말하노라' 하고 말하면서 잘난 척하던 과거의
현인이 되어서는 안 된다. 근본적으로 말이란 그 사람의 마음과 인격을 알리는 것이
다. -그라시안

⫸ 성공적인 대화란 재치있고 막힘없이 말을 한다기보다 말을 나누고 있는 상대편으로
하여금 재치있는 말을 잘 꺼내도록 하는 것이다. 왜냐하면 그런 대화는 상대편이 흐
뭇해할뿐더러 상대편 자신이 머리를 짜서 생각해 낸 재치에 스스로 만족해하며 헤어
졌을 때도 대화를 나눈 상대에 대하여 큰 호감을 가지기 때문이다. -라 브류이에르

⫸ 다른 사람과 대화하며 살 때, 그것은 두 번 사는 것과 같다. 기쁜 일은 서로의 나눔을
통해 두 배로 늘어나고, 힘든 일은 함께 주고받음으로써 반으로 줄어든다.
각각 자신의 특이한 결론들을 가지고 대화를 통해 듣고 이야기하는 것은 상대방에게
관심을 돌리는 것이다. 본질적으로 대화란 상대방에 중심을 둔 것이다. 대화는 사람
가운데 머무르는 비밀과 순수한 사람의 행위다. -존 포웰

19 미래를 준비하는 강력한 힘, 독서!

　우리나라에서 사내 독서프로그램을 구체화시킨 사람으로 유명한 이랜드의 박성수 사장은 젊은 시절에 병에 걸려서 2년 간 누워있으면서 3천 권의 책을 읽었고 이것이 사업을 하는데 중요한 기반이 되었다고 한다. 그는 책을 읽어야 하는 다섯 가지 이유를 다음과 같이 꼽고 있다.

　첫째, 현재와 다른 나를 창조하고 싶다면 책을 읽어라

　둘째, 아이디어가 필요하다면 책을 읽어라

　셋째, 자기중심적인 사고에서 벗어나려면 책을 읽어라

　넷째, 승진하기를 원한다면 책을 읽어라

　다섯째, 잘난 척 하려거든 책을 읽어라. 잘난척하는 것도 문제지만 머리에 든 것도 없이 잘난 척하는 것은 더 큰 문제다.

책을 읽지 않는 사람에게는 희망이 없다. 요즘과 같은 지식정보사회에서 많은 지식을 받아들이고 연구하는 노력을 게을리 하면 성공하기 어렵다.

성공하는 사람들이 그렇지 못한 사람들보다 평균 독서량이 많다. 성공하는 기업도 직원들의 독서량이 많다는 통계가 있다. 요즘 같은 지식경영시대에는 더하다. 책이 하루에도 수 백 권씩 출간되고 있는데, 독서를 게을리 하면 당연히 뒤쳐지게 마련이다. 그래서 많은 기업들이 사내에서 독서프로그램을 만들어 직원들을 훈련시키고 있는 것이다.

필자는 주변 사람들에게 꾸준한 독서를 권장하고 있다. 특히 성공을 꿈꾸는 사람들에게는 다독이 필수다. 그래서 기회가 있을 때마다 사람들에게 최소한 한 달에 4권 정도의 책은 읽으라고 꼭 권한다.

책을 평상시에 읽지 않던 사람들에게는 무거운 짐이다. 그러나 일단 독서를 시작해 꾸준하게 노력하면 독서 자체가 하나의 습관이 될 것이다. 한 달에 4권의 책을 선택해 매주 한 권씩을 들고 다니면서 시간이 있을 때마다 책을 읽으면 자연스럽게 습관으로 정착시킬 수 있다.

책을 많이 보는 사람이 성공하는 이유는 체계적으로 미래를 준비할 수 있는 힘을 보유하고 있기 때문이다. 세상의 커다란 흐름을 읽을 수 있는 능력에서 순간적인 좋은 아이디어를 창출하는 능력까지, 책을 통해 습득한 지식과 교양에서 비롯된다. 그리고 책을 읽으면 문제를 새로운 관점에서 접근하려는 지적인 활동이 함양된다.

 독서는 넓은 지식의 세계로 우리를 안내하게 될 것이며 우리의 눈을 맑게 하고 혜안을 가지도록 유도할 것이다. 책을 많이 읽는 사람이 모여 있는 기업의 경쟁력은 당연히 높아질 것이며, 책을 많이 읽는 개인은 성공할 가능성이 높아지게 될 것이다.

*✳성공을 위한 명상노트 - 독서

▦ 책은 위대한 천재가 인류에게 남겨준 유산이며, 그것은 대물림하여 아직 태어나지 않은 자손들에게 주는 선물로서, 한 세대에서 다른 세대로 전달된다. -조셉 에디슨

▦ 책을 읽고 사물을 생각한 사람과, 전혀 독서를 하지 않는 사람은 분명히 얼굴에 차이가 있다. -고이즈미

▦ 책이 그대의 친구가 되게 하여라. 책을 동반자로 삼아라. 책장을 그대의 낙원으로 삼고 과수원이 되게 하여라. 그 낙원에서 즐기라. 그리하면 그대의 희망은 늘 신선하며 그대의 혼에는 기쁨이 타오를 것이다. -이븐 티븐

20 자신의 브랜드 가치를 높여라!

    사람이라면 누구나 부자가 되기를 원한다. 성인군자를 빼고는 부자가 되기 싫은 사람은 아마 없을 것이다. 부자의 사전적 의미는 '살림이 넉넉한 사람, 재산이 많은 사람, 재산가를 의미하는 단어로 경제적으로 돈을 많이 가지고 있는 사람'이다.

    부자가 되기 위해서 사람들은 복권도 사고 주식도 하고 부동산 투자도 한다. 그렇지만 많은 사람들이 그렇게 재산을 늘렸다고 하더라도 반드시 행복해지는 것은 아니다.

    실제로 예전에 영국의 한 대학이 세계 50여 국가를 상대로 행복지수를 조사했는데, 의외로 우리가 후진국으로 생각하고 있는 나라 국민들의 행복지수가 선진국보다 높게 나왔다고 한다. 조사 결과를 보면 1위가 방글라데시, 2위가 아제르바이잔, 3위가 나이지리아, 4위가 필리핀, 5위가 인도다. 왜 경제적으로 부유한 나라의 사람들이 느끼는 행복지수가 낮은 것일까?

진정한 부자는 돈(유형자산) 뿐만 아니라 자신의 지식, 감성 등 보이지 않는 자원(무형자산)에 대해서도 중요하게 생각한다. 따라서 일반적으로 말하는 졸부는 진정한 의미에서 행복을 느끼는 강도가 낮기 마련이다.

이런 관점에서 사람을 크게 네 가지 매트릭스로 나눌 수가 있을 것이다.

첫째, 무형자산도 많으면서 유형자산도 있는 진정한 부자

둘째, 유형자산은 있는데 무형자산이 없는 졸부

셋째, 무형자산은 있는데 유형자산이 없는 정신적인 성인

넷째, 유형자산이나 무형자산 모두가 없는 빈자

위의 네 가지 유형 중에서 우리가 바라는 유형은 첫 번째 매트릭스가 될 것이다. 하지만 그것이 쉬운 일은 아니다. 우리가 할 수 있는 방법은 '자신의 색을 가진 진정한 부자'가 되도록 노력하는 것이다.

최근 발표한 상표 브랜드 가치에 따르면 세계에서 최고의 가치를 지니고 있는 브랜드는 코카콜라로서 그 가치가 미화 750억 달러(한화 약 100조원)에 달한다. 개인도 자신의 브랜드 가치를 높이면 무형자산의 가치를 극대화할 수 있는데 이것을 '퍼스널 브랜딩'(Personal Branding)이라고 한다.

누구나 자신만의 브랜드를 가지고 있다. 그러나 많은 사람들이 자

신을 차별화하는 일에 관심이 없거나 상대방이 자신을 어떤 모습으로 인식하는지에 대해서 별로 개의치 않는다. 하지만 21세기의 성공 여부는 자신의 브랜드를 어떻게 만들지 결정하고 그것을 향하여 노력하는 것에 달려있다.

자신의 브랜드가 생기고 나면 자신이 속한 분야에서 최고가 될 수 있으며 남보다 빨리 성공의 길에 접어들 수 있다. 또 주변 사람들에게 자신을 부각시켜 인간관계를 공고하게 구축할 수 있다.

자신의 브랜드를 만들어 나가기 위해서는 다음과 같은 노력을 해야 한다.

첫째, 자신의 현재 위치를 명확하게 파악하는 것이 시급하다. 자신의 장점, 단점, 강점을 솔직하게 파악하라.

둘째, 자신이 가고자 하는, 또는 되고자 하는 목표를 분명하게 정한다.

셋째, 목표를 달성하기 위해서는 어떤 전략을 수립하고 어떤 노력을 기울여야 하는지, 부족한 부분이 있다면 이를 극복하기 위해 어떤 부분을 보강해야 하는지에 대해 분석한다. 자기 계발에 박차를 가하라.

넷째, 자신의 강점과 약점, 장점과 단점을 감안해 다른 사람과는 다른 자신만의 고유한 영역을 찾아내라.

다섯째, 분명한 목표를 세워 전략을 수립한 후, 단계를 밟아 자신을 계발하고 있다면 주변 사람들이 자신의 브랜드 가치를 인식하게 될 것이다. 자신의 브랜드 가치는 알리는 것이 아니라 주변 사람들과의 커뮤니케이션 속에서 자연스럽고 편안하게 인지되는 것이다.

　21세기는 매우 다양한 직업이 공존하는 시대다. 다양성이 보장되는 시대에 자신만의 고유한 브랜드를 개발하는 것은 부의 축적에도 커다란 도움이 되지만, 무형의 자산으로서 자신에 대한 자긍심을 높여줄 것이다. 퍼스널 브랜딩은 개인 경쟁력을 높혀 성공으로 나아갈 수 있는 강력한 기반임을 잊지 말자.

　'잉글랜드'의 프로축구 리버풀에서 활약하는 국가대표 선수인 오웬 한사람의 연봉이 대한민국 국가대표 전체의 연봉보다 많다는 사실을 기억하라!

*米 성공을 위한 명상노트 - 창조적 가치

||||| 인간에게는 두 가지 충동이 있습니다. 하나는 창조 충동이고, 다른 하나는 소유 충동입니다. 먼저 창조 충동은 무언가 새로운 것을 창조하려는 충동입니다. 그 전형적인 예가 아름다움을 창조하려는 예술가의 활동을 들 수 있습니다.
반면, 소유 충동은 무엇인가를 소유하려는 충동입니다. 그 대표적인 예가 밑도 끝도 없이 돈을 모으려는 경제인의 행동입니다. 그러나 인간의 진정한 행복은 창조 충동을 계발하고 강화하는데 있습니다. 창조 충동이야말로 새로운 삶을 여는 열쇠입니다.
-버트란트 러셀

||||| 인생에서 가장 귀중한 세 가지 자원인 시간과 돈, 창조성 중에서 한계가 없는 유일한 한 가지는 바로 당신의 창의력이다. -어니 J. 젤린스키

||||| 세상에는 세 종류의 사람이 있다. 첫째는, 무엇을 창조하는 소수의 사람이요, 둘째는 무엇이 창조되는지를 구경하는 수많은 사람이요, 셋째는, 무엇이 창조되는지를 모르는 대다수의 사람이다. 우리에게는 무엇을 창조하는 사람이 더 많이 필요하다.
-나콜라스 뮤레이 바틀러

||||| 개인주의는 치명적인 독극물이다. 그러나 개성은 일반 생활의 소금이다. 사람은 군중 속에서 살아야 할지 모르나 군중이 사는 것처럼 살아야 하는 것은 아니고, 그들이 먹는 것을 먹어야 하는 것도 아니다. 자기 개인의 과수원을 가질 수도 있고, 남이 모르는 샘물에서 물을 마실 수도 있다. 남에게 도움이 되려면 자기 자신을 잃지 말아야 한다. - H. 반 다이크

||||| 사람마다 개성, 재능, 천부적 소질에서 차이를 보인다. 평등이 아니라 불평등이, 평준화가 아니라 개개인의 다름이 이 세상의 발전의 척도다. 개인의 개성을 키우자. 저마다의 우월성을 마음껏 발휘하자. 자기의 천부적 소질을, 찬란한 재능을 꽃피우자. - F.E. 셸링

성공지수(SQ)를 UP하라! 성공 예감지수 약식 자가 진단

항목	중분류	소분류	배점	문항번호	질 문	1	2	3	4	5
성실	부지런함		14	1	평소에 몇시에 근무를 시작하십니까?	Am 07:00	Am 07:30	Am 08:00	Am 08:30	Am 09:00
						14	13	11	9	7
	약속시간		13	2	평균 약속장소에 몇분전에 도착하십니까?	30분 이상	20분 이상	10분 이상	5분 이상	정각 또는 늦게
						13	12	11	9	7
	자기관리	건강	5	3	하루 평균 30분 이상 일주일에 몇회 운동을 하십니까?	매일한다	6회 이상	5회 이상	3회 이상	1회 이하
						5	4	3	2	1 이하
		이미지	5	4	당신이 유머감각과 옷이 코디 감각은 몇점이라고 생각하십니까?	매우 훌륭하다	훌륭하다	보통 이상	보통	보통 이하
						5	4	3	2	1
		커뮤니케이션	16	5	당신은 하루 평균 몇통의 편지나 e-mail을 쓰십니까?	5통 이상	4통 이상	3통 이상	2통 이상	1통 이하
						16	15	14	10	8
		품목표(야식)	13	6	당신의 인생의 목표는 구체적이며 확실합니까?	매우 그렇다	그런 편이다	보통이다	부족하다	매우 부족하다
						9	11	9	8	7
유능	자기분야의 전문성		14	7	자기 분야의 전문성은 어떻습니까?	매우 높다	높은 편이다	보통이다	부족하다	매우 부족하다
						14	12	10	8	6
	경영, 경제 감각		7	8	경영과 정치에 대한 지식은 높은 편이라고 생각하십니까?	매우 높다	높은 편이다	보통이다	부족하다	매우 부족하다
						7	6	5	4	3
	독서		13	9	한달에 평균 몇권의 독서를 하고 있습니까?	4권 이상	3권	2권	1권	안읽다
						13	12	11	9	7
	총점		100							

이영권 박사의 성공지수를 통해 자신의 성공을 향한 노력중 강점과 약점 그리고 장점과 단점을 점검하는 체크 포인트로 활용하시기 바랍니다.
활용방법은 질문사항을 읽고 솔직하고 빠르게 해당 항목의 점수(칸)란부분을 체크한 후 합계를 더하면 됩니다.
참고로 이 책에서 지적한 부분을 한 달간 실천해 본 후 본인의 성공지수를 다시 한번 체크해서 비교해서 모든 기회를 갖기를 권합니다.

구분	배점결과	체크 포인트 참고
1	90점 이상	매우 훌륭한 성공지수입니다. 자만하지 말고 더욱 정진시키기 바랍니다.
2	80점 이상	훌륭한 성공지수의 리더입니다. 부족한 부분은 채우도록 노력하세요.
3	70점 이상	보통 이상의 성공지수입니다. 그러나 더욱 노력하세요.
4	60점 이상	평범하나 노력해야 합니다.
5	60점 이하	성공지수를 향해 부단히 노력해야 합니다. 비교적 높게 나온 부분을 더욱 살려보세요.